Dieter Stein

# Briefmarken
## sammeln für Anfänger

Weitere Titel aus dem Falken-Programm finden Sie auf Seite 120.

Briefmarken für die Aufnahmen stellten Jürgen Ehrlich, Köln und Hans Paikert, Düsseldorf, freundlicherweise zur Verfügung.

Für freundliche Unterstützung danken wir Dr. Arno Debo (München), dem Bund Deutscher Philatelisten und dem Bundesverband des Deutschen Briefmarkenhandels.

Dieses Buch ist in Dankbarkeit meinen Eltern gewidmet.

CIP-Kurztitelaufnahme der Deutschen Bibliothek

**Stein, Dieter**
Briefmarken sammeln für Anfänger / von Dieter Stein. –
Niedernhausen: Falken-Verlag, 1979.
(Die Falken-Bücherei)
ISBN 3-8068-0481-8

ISBN 3 8068 0481 8

© 1979/1986 by Falken-Verlag GmbH, 6272 Niedernhausen/Ts.
Fotos: H. Forneberg, Fotoatelier, Wuppertal
Fotosatz: DVG, Darmstadt
Druck und Bindung: Wiesbadener Graphische Betriebe GmbH, Wiesbaden

817

# INHALT

# Ein Wort zuvor

Lange Jahre wurden Briefmarkensammler nur mitleidig belächelt: Die Philatelisten – so nennen sich die Sammler von Postwertzeichen – zählten zu den bedauernswerten Spinnern, die nichts anderes als die kleinen Papierschnitzel im Kopf zu haben schienen, sich in ihren »Kemenaten« einschlossen, weltfremd nach Zähnen, Stempeln oder ähnlichem suchten. Einsiedler der Neuzeit!

Diesem Bild begegnet man auch heute noch sehr häufig. Wenn im Bekanntenkreis – oftmals Nichtsammler – von Marken berichtet oder in einem Anflug von Enthusiasmus vom Erwerb eines besonders schönen Exemplars gesprochen wird, steht man zumeist skeptisch dreinschauenden und innerlich lachenden Zeitgenossen gegenüber. Aufmerksam, ja interessiert werden die Zuhörer allerdings, wenn es um spektakuläre Auktionsergebnisse geht, wenn die »blaue« oder »rote Mauritius« für mehrere hunderttausend Mark versteigert werden konnte. Wenn's um's Geld geht, horchen die meisten auf!

Die Vorstellungen vom Briefmarkensammeln, die Eigenschaften eines Sammlers sind in der Öffentlichkeit stets von Extremen bestimmt: Auf der einen Seite die Träumer, auf der anderen die Snobisten, die sich Briefmarken kaufen, weil sie das Geld zum Fenster hinauswerfen können! Beides Ansichten, die heute nicht mehr der Wirklichkeit entsprechen, denn wie bei allem, so auch bei den Briefmarken, liegt die Wahrheit zumeist in der Mitte. Es erhebt sich indes die Frage, wie diese Zerrbilder überhaupt entstehen konnten?

Einen Ansatz wird man wohl bei den Massenmedien finden. Tageszeitungen berichten über das Briefmarkensammeln kaum, beschränken sich auf eine wöchentliche Rubrik, in der einige Neuheiten gemeldet werden. Größere Artikel sind nur dann anzutreffen, wenn die Königin von England ein wertvolles Stück für eine besondere Ausstellung zur Verfügung gestellt hat oder irgendein Multimillionär irgendwo in der Welt einen kostbaren Fehldruck erstehen konnte. Briefmarken werden auch dort mit dem »Jet-Set«, mit der großen weiten Welt, in Verbindung gebracht. Nur dies ist eine Schlagzeile wert!

Nicht wesentlich anders verhält sich diese Berichterstattung im Hörfunk oder im Fernsehen. Auch dort findet dieses Hobby keinen entsprechenden Platz im Programm, von einigen kleineren Beiträgen abgesehen, die zuweilen noch nicht einmal fachkundig sind. Der Öffentlichkeit wird dieses Hobby schlichtweg unterschlagen, und das in einer Zeit, in der fast alle danach suchen, etwas Sinnvolles in der Freizeit tun zu können.

Nach den Gründen für diese Einstellung der Massenmedien zu suchen, dürfte nicht ganz leicht fallen. Immer noch das Bild vom Eigenbrödler, vom Kauz, der Hauch von Spießbürgerlichkeit? Man muß aber auch anmerken, daß es der Organisation der Sammler, dem Bund Deutscher Philatelisten, immer noch nicht ganz gelungen ist, dieses Zerrbild aufzulösen. Die Öffentlichkeitsarbeit setzte um einiges zu spät ein, was besonders deshalb zu bedauern ist, weil Vorurteile sich nur sehr schwer aus der Welt schaffen lassen. Die optimale Präsentation der Philatelie hätte nicht erst 1976 beginnen dürfen, als man in Essen die erste internationale Briefmarken-Messe aus der Taufe hob.

Trotz dieses Versäumnisses hat sich in der philatelistischen Landschaft einiges verändert. Nicht in der Aufwärtsentwicklung innerhalb der Sammlervereine, sondern durch die stetig steigende Zahl von Dauerabonnenten, die sich von den Versandstellen für Postwertzeichen in Frankfurt am Main, Berlin oder Weiden mit Neuheiten bedienen lassen. Nahezu eine Million beziehen ihre Marken von dort, und monatlich kommen im Durchschnitt eintausend neue Kunden hinzu.

Im europäischen Ausland zeigt sich ein ähnlicher Trend. Allein für über 25 Millionen Mark exportiert die Deutsche Bundespost ins Ausland, für über 75 Millionen Mark werden jährlich Ausgaben ausländischer Postverwaltungen oder Agenturen in die Bundesrepublik eingeführt. Zahlen, die beweisen, daß die Sammelleidenschaft zugenommen hat.

Zu einem ähnlichen Ergebnis gelangte auch eine Forschungsgemeinschaft in Nürnberg, die als repräsentativen Querschnitt 4500 Haushalte befragte, welche Hobbys von wieviel Personen betrieben würden und wieviel man monatlich dafür aufwende. Das Ergebnis war aus der Sicht der Philatelisten mehr als überraschend: Nahezu sechs Millionen sammelten Briefmarken und gaben im Jahr dafür 85 Mark aus. Selbst wenn diese Zahlen bezweifelt werden müssen – der Bund Deutscher Philatelisten ermittelte bei einer ähnlichen Untersuchung einen finanziellen Aufwand zwischen DM 60,– und DM 1000,– pro Sammler und Jahr –, so zeigen sie doch deutlich: Briefmarkensammeln ist »in«.

Für viele ist es jedoch nahezu unmöglich, eine Entscheidung zu treffen, was gesammelt werden sollte. Jährlich erscheinen bei den über 200 Postverwaltungen, die Marken herausgeben, fast 10 000 neue Postwertzeichen. Der Sammler müßte für eine Universalsammlung etwa DM 50 000,– jährlich aufwenden. Dazu ist kaum einer in der Lage. Zudem wäre dies auch kaum empfehlenswert, weil sich Neuheiten selten verzinsen und es eine Reihe von Ausgaben gibt, die nur dazu da sind, dem Sammler das Geld aus der Tasche zu ziehen.

Die Neuheitenflut, dazu die Massenauflagen in einigen Ländern, schreckt viele ab, mit dem Sammeln zu beginnen. Und jene, die sich dank großformatiger Anzeigen bewegen ließen, eine Sammlung aufzubauen (vorwiegend Motive wie »Weltraumfahrt«, »Olympiaden« oder ähnliches) haben auch zumeist die Nase voll, weil der Wertzuwachs nicht eintrat und ihre Sammlungen nur unter Einstandspreis wieder veräußert werden konnten.

Auch die Beratung durch die Händler steht nicht immer zum Besten. Gerade da wird eine Chance vertan. Denn wer angeleitet wird, zählt letzten Endes zu den zufriedenen Kunden.

Alles dies, was in den wenigen Zeilen angeschnitten wurde, zeigt deutlich, daß es an Informationen mangelt oder daß die vorhandenen Informationsmöglichkeiten nicht genutzt werden. Dieses kleine Büchlein kann nur wenige Aspekte der Philatelie beleuchten. Es ist so geschrieben, daß auch der Anfänger damit etwas anfangen kann, und vielleicht sind ja auch für den Fortgeschrittenen Hinweise dabei.

# Ein Blick zurück

Es soll und kann nicht Aufgabe dieses Buches sein, einen ausführlichen Beitrag über die Geschichte der Briefmarke zu leisten. Wer sich dafür interessiert, sollte an anderer Stelle nachschlagen. Zudem würden die Ausführungen zur Geschichte um Briefmarken und die Geschichte der Briefmarke allein schon hunderte Seiten füllen. Dennoch, so ganz ohne kurzen geschichtlichen Rückblick geht es einfach nicht.

Wer sich erstmals mit Postwertzeichen beschäftigt, wird das Vorhandensein von Briefmarken als ganz selbstverständlich hinnehmen. Er wird kaum auf die Idee kommen, über die Entstehungsgeschichte nachzudenken. Doch wer mit der Verwendung von Briefmarken eine jahrhundertealte Tradition verbindet, irrt gewaltig. Die Briefmarke ist eine Erfindung des 19. Jahrhunderts, eine Neuerung, die kaum einhundert Jahre zurückliegt.

Postbeförderung hingegen hat es schon lange vor der Zeitenwende gegeben. In China wurde ebenso Post zugestellt wie in Ägypten, und auch in deutschen Landen kamen nach dem Beginn der Neuzeit, Anfang des 16. Jahrhunderts, Postverbindungen auf. Die Namen derer von Taxis sind eng damit verbunden.

Das gewöhnliche Volk durfte die Dienste der Post aber nicht in Anspruch nehmen. Die Beförderung von Briefen oder kleinen Gepäckstücken blieb einzig dem dynastischen Bereich vorbehalten. Als dann deutlich wurde, daß auch Privatleute auf den Postverkehr nicht verzichten wollten und zudem ständig illegal Privatpost von den Postkurieren mitgenommen wurde, ließ eine rechtliche Genehmigung nicht lange auf sich warten.

Im Gegensatz zu den heute selbstverständlichen Bestimmungen hatte der, der die Post abschickte, nicht die Beförderungsgebühr zu entrichten, die nach Schwere des Briefes und nach der Länge der zurückzulegenden Strecke berechnet wurde. Der Empfänger mußte bei Erhalt der Post in seine eigene Schatulle greifen.

Erst ab 1653 änderte sich dies, zumindest in Frankreich, wo der Absender auch die Gebühr der Beförderung auf sich nehmen mußte. Am

*Europa-Spezialitäten*

*Basel Michel Nr. 1 (1845)*

*Schweden Michel
Nr. 2 (1855)*

*Rußland Michel
Nr. 7 (1858)*

*Lombardei/Venetien
Michel Nr. 3 y (1850)*

*Schweiz Michel Nr. 3 (1851)*

*Frankreich Michel Nr. 3 x (1849)*

*Norwegen Michel Nr. 2 (1857)*

*Belgien Michel Nr. 2 (1849)*

Bei diesen Ausgaben wird der Preis durch die Qualität bestimmt. Besonders gesucht sind Marken auf Brief mit klaren Stempelabdrücken.

1. Mai 1840 verkaufte der Engländer Rowland Hill zum erstenmal gummierte Postwertzeichen. Freilich nicht allein seine Idee, denn in den Jahren zuvor waren schon mannigfaltige Anregungen in verschiedenen Ländern dazu gegeben worden.

Rowland Hill, bis zu seiner »Erfindung« nicht gerade vermögend, wurde für seine Leistung nicht nur in den Adelsstand erhoben, sondern auch mit üppigen Geldgeschenken und einer jährlichen Pension von 2000 Pfund bedacht.

Daß die als besonders konservativ bezeichneten Briten als erste Briefmarken benutzten, verwundert eigentlich, und es verwunderte auch die Postverwaltungen in den anderen Ländern der Welt. Viele standen dieser Neuerung mit einer gehörigen Portion Skepsis gegenüber. Doch nach und nach setzte sich das Postwertzeichen durch. In Europa eiferten bald alle Länder dem britischen Vorbild nach:


*Belgien*
Am 1. Juli 1849 kamen zwei Marken mit dem Bild König Leopolds I. in den Verkauf

*Dänemark*
Die ersten Marken erschienen am 1. April 1851

*Finnland*
Erste Ausgabe am 3. März 1856

*Frankreich*
Der »Kopf des Ceres« ziert die erste Ausgabe vom 1. Januar 1849

*Gibraltar*
Erste Ausgaben am 1. Januar 1886

*Griechenland*
Den »Kopf des Hermes« wählten die Griechen für ihre ersten Postwertzeichen vom 1. Oktober 1861

*Island*
Dieser Inselstaat verfügt seit dem 1. Januar 1873 über eigene Postwertzeichen

*Italienische Staaten*
Kirchenstaat: 1. Januar 1852
Modena: 1. Juni 1852
Neapel: 1. Januar 1858
Parma: 1. Juni 1852
Romagna: 1. September 1859
Sardinien: 1. Januar 1851 (zuvor schon Stempelbogen)
Sizilien: 1. Januar 1859
Toscana: 1. April 1851

*Italien*
Ausgaben für das Königreich Neapel: 14. Februar 1861
Ausgaben für das gesamte Königreich Italien: Februar 1862

*Liechtenstein*
Ausgaben der österreichischen Postverwaltung ab 1. Februar 1912
Ausgaben der »Fürstlich-Liechtensteinischen Post« ab 2. März 1920

*Luxemburg*
Wilhelm III., Großherzog von Luxemburg und König der Niederlande,
wurde als Darstellung für die ersten Marken am 5. September 1852 gewählt

*Malta*
Erstes Postwertzeichen am 1. Dezember 1860. Zuvor verwendete man
Marken von Großbritannien

*Monaco*
Die ersten Marken dieses kleinen Staates zeigen Fürst Karl III. und erschienen am 1. Juli 1885

*Niederlande*
Der »Start« der niederländischen Postwertzeichen erfolgte am 1. Januar 1852

*Norwegen*
Die norwegische Post wagte sich am 1. Januar 1855 an die Briefmarke heran

*Österreich*
Österreich-Ungarn: 1. Juni 1850
Kaiserreich Österreich: 1. Juni 1867

*Portugal*
Die ersten Marken des Königreiches erschienen am 1. Juli 1853

*San Marino*
Ausgaben mit dem Landeswappen erstmalig am 1. August 1877

*Schweden*
Ebenfalls ein Wappen wählte Schweden für die ersten Postwertzeichen. Ausgabetag: 1. Juli 1855

*Schweizer Kantone*
Zürich: 1. März 1843
Genf: 30. September 1843
Basel: 1. Juli 1845

*Schweiz*
Die ersten Ausgaben der schweizerischen Bundespost erschienen am 22. Oktober 1849

*Spanien*
Königin Isabella II. zierte die Eröffnungsausgaben des Königreiches Spanien, die am 1. Januar 1850 an die Postschalter kamen

*Türkei*

Das Siegel des Sultans wurde als Darstellung der ersten Ausgaben gewählt. Erscheinungstag: 13. Januar 1863

Ganz besonderer Beliebtheit erfreuen sich die Ausgaben der sogenannten altdeutschen Staaten. Viele Philatelisten haben sich als Historiker
versucht und die Postgeschichte der einzelnen Gebiete erforscht. Deshalb sei auf diese Spezialuntersuchungen verwiesen. Vor der Gründung
des Deutschen Reiches gaben folgende Gebiete Marken heraus:
Baden (Großherzogtum): ab 1. Mai 1851
Bayern (Königreich): ab 1. November 1849, erste deutsche Marken
Bergedorf (gemeinsamer Besitz der Freien und Hansestädte Hamburg
und Lübeck; ab 1. Januar 1868 durch Kauf alleiniger Besitz Hamburgs):
ab 10. Juni 1861
Braunschweig (Herzogtum): ab 1. Januar 1852
Bremen (Freie Hansestadt): ab 10. April 1855
Hamburg (Freie und Hansestadt): ab 1. Januar 1859
Hannover (Königreich): ab 1. Dezember 1850
Helgoland (von 1814 bis 9. August 1890 britische Kolonie mit eigener
Posthoheit ab 1867): ab März 1867
Lübeck (Freie und Hansestadt): ab 1. Januar 1859
Mecklenburg-Schwerin (Großherzogtum): ab 1. Juli 1856
Mecklenburg-Strelitz (Großherzogtum): ab 1. Oktober 1864
Norddeutscher Postbezirk: ab 1. Januar 1868
Oldenburg (Großherzogtum): ab 5. Januar 1852
Preußen (Königreich): ab 15. November 1850
Sachsen (Königreich): ab 1. Juli 1850
Schleswig-Holstein (Herzogtümer): ab 15. November 1850
Thurn und Taxis (Fürstliche Lehnposten): ab 1. Januar 1852
Württemberg (Königreich): ab 15. Oktober 1851

Deutsches Reich: ab 1. Januar 1872

Nahezu alle Erstausgaben zählen heute zu den teuersten Exemplaren.
Wenn sie auf Auktionen auftauchen, versammeln sich international be-

kannte Sammler, um in ihren Besitz zu gelangen. Für die meisten Philatelisten bleiben diese Stücke jedoch stets Wunschträume, denn die
Summen, die heute verlangt und auch gezahlt werden, übersteigen bei
weitem die finanziellen Möglichkeiten der meisten Sammler.

Wer nun aber daraus folgert, daß alle alten Marken besonders wertvoll
wären, muß diese Meinung schnell revidieren. Die Preise hängen von
vielen Faktoren ab, auf die an anderer Stelle noch eingegangen wird.
Die Erzählungen von Familienmitgliedern, die ehrfurchtsvoll von den
wertvollen alten Marken des Vaters, Großvaters oder Onkels schwär-
men, erweisen sich in den meisten Fällen als Märchen, weil zum einen
die Beschäftigung mit der Briefmarke fehlt und zum anderen die Möglichkeit des Erbes den Blickwinkel verklärt.

▶

Bei allen Altdeutschland-Marken wird der Preis durch die Qualität der Marke bestimmt.
Die Katalognotierungen gelten für Durchschnittsware. Völlig einwandfreie Stücke
bewerten erheblich höher. Vor dem Erwerb teurer Altmarken einen Prüfer einschalten,
da geschickt ausgeführte Reparaturen mit dem Auge nicht immer zu erkennen sind.

Altdeutsche Spezialitäten

Bayern Michel Nr. 1
(1849)

Württemberg Michel Nr. 8
(1857)

Baden Michel Nr. 1
(1851)

Bergedorf Michel Nr. 2 (1861)

Hamburg Michel Nr. 22 (1867)

Helgoland Michel Nr. 1
(1867)

Norddeutscher Postbezirk Michel
Nr. 3 (1868)

Preussen Michel Nr. 16
(1861)

# Mauritius und anderes

Die kleine Insel Mauritius, im Indischen Ozean gelegen, wäre in der Öffentlichkeit nie oder nur in geringem Maße bekannt geworden, hätte es nicht vor nunmehr fast anderthalb Jahrhunderten dort eine Lady Gomm gegeben, die es sich in den Kopf gesetzt hatte, endlich einmal eigene Briefmarken zu verwenden. So munkelt man jedenfalls, denn ob es tatsächlich so war, mag heute mit Gewißheit keiner mehr zu behaupten. Besagte Lady hatte von den Briefmarken gehört und auch schon selbst einige benutzt, allerdings Marken des Mutterlandes England, die mit einem Balken-Queroval-Stempel versehen wurden. Für den Hauptort der nur 2000 qkm großen Insel trug dieser die Bezeichnung »B 53« und für das Städtchen Rodriguez vermutlich die Bezeichnung »B 65«.
Herausgegeben wurden die heute legendären Mauritius-Marken – man spricht immer ehrfurchtsvoll von der »Roten« und der »Blauen« – am 21. September 1847 in Port Louis, der Hauptstadt dieser britischen Kolonie. Doch bis zu diesem Tage mußten auf dem Eiland im Indischen Ozean einige Schwierigkeiten überwunden werden. Man hatte schließlich noch nie eigene Marken herausgegeben. Welches Motiv sollte man wählen? Wie sollten die Marken hergestellt werden und wer sollte die Markenvorlagen für den Druck schaffen? Alles Fragen, die dann aber mit dem notwendigen Einfallsreichtum gelöst werden konnten. Um nicht zuviel Zeit für einen Entwurf zu verlieren, wählte der auf Mauritius tätige Postmaster Brownrigg die Marken des Mutterlandes England als Vorlage aus, die im fernen Europa bereits 1840 erschienen waren. Sie sollten nur mit dem Zusatz Mauritius versehen werden.
Der in der Hauptstadt ansässige Juwelier und Uhrmacher John Barnard übernahm die Ausführung. Da er keine unbenutzte Kupferplatte mehr vorrätig hatte, schliff er die Rückseite einer Kupferdruckplatte glatt, auf deren Vorderseite die Speisenfolge eines Galadiners des Grandhotels von Port Louis gestochen war. Doch dem Juwelier, im Umgang mit Postwertzeichen natürlich ungeübt, unterlief ein Fehler beim Stechen der Marke, der später weltweites Aufsehen erregen sollte: Anstelle des Schriftzuges »Post Paid« setzte er »Post Office« ein. Wie er dazu kam,

konnte nicht mehr geklärt werden, da die Mauritius-Marken erst viele Jahre danach das Interesse der Sammler fanden. Ob er sich von einem Schild am Postamt in Port Louis dazu inspiriert fühlte, muß indes bezweifelt werden.

Trotz dieses Versehens gelangten die Marken in den Postverkehr. Man konnte sich auch nicht mehr anders entscheiden, weil die Zeit drängte und Lady Gomm, die Gattin des Gouverneurs, Einladungen für einen Ball mit den ersten Marken der Kolonie versehen wollte.

Aber nicht nur dieser Fehler zählte zu den Besonderheiten der Ausgabe. Schon der Kostenvoranschlag muß heute die nur wirtschaftlich-gewinnorientierten Bürger zum Schmunzeln bringen. Der Herstellungspreis der Marken belief sich nämlich auf 10 Shilling 10 Pence, und der Verkauf der Marken konnte nur 6 Shilling 5 Pence erbringen!

Die Marken, die die Insel Mauritius auf Briefen in alle Welt verließen, blieben ebenso unbeachtet wie jene, die auf den Einladungsschreiben angebracht waren. Viele bemerkten nicht einmal, daß Mauritius über eigene Marken verfügte. Grund dafür mag die Ähnlichkeit mit der England-Ausgabe gewesen sein, die ja schon erwähnt wurde.

Weder Händler noch Sammler nahmen die Neuausgabe zur Kenntnis, und in den zeitgenössischen Listen wurden sie nicht einmal vermerkt.

Erst 1864, also 17 Jahre nach dem Ausgabetag, entdeckte eine Sammlerin in Bordeaux zwei Kuverts mit diesen Marken. Wenige Jahre später tauchten weitere auf, weil jetzt auf einmal alles nach den Mauritius-Marken suchte. Über Nacht, wenn man so sagen darf, waren sie zu einer Rarität geworden.

Um die Mauritius ranken sich viele Geschichten, die an dieser Stelle wiederzugeben, zu weit führen würde. In einigen Publikationen ist den Geschichten, Anekdoten und Erzählungen Platz eingeräumt worden.

Soviel sei aber an dieser Stelle noch vermerkt: Heute sind etwa noch zwei Dutzend dieser kostbaren »Papierchen« bekannt, wovon ein Großteil in japanischen Safes liegt. Ein »Perlenkönig« hat sie im Laufe der Jahre zusammengetragen. Und noch eins: Die Mauritius-Marken sind keinesfalls die teuersten Marken der Welt, aber wohl die bekanntesten.

Da wir gerade vom Geld gesprochen haben: 1978 wurde in Hamburg eine Marke für eine Million Mark verkauft, die nur in einem einzigen Exemplar existiert: der 3 Skilling Fehldruck von Schweden in gelber statt grüner Farbe. Auch mit dieser Weltseltenheit im wahrsten Sinne des Wortes verbindet sich eine Geschichte. Diese Marke, ein völlig ungewollter Fehldruck, entdeckte der Schuljunge Georg Backmann. Da er mit einem Briefmarkenhändler namens Lichtenstein in Verbindung stand, der ihm gerne Werte aus den ersten schwedischen Markensätzen abkaufte, forschte der kleine Georg überall nach Marken. Als er eines Tages bei seiner Großmutter weilte, fragte er auch dort, ob er in der Korrespondenz nach Briefmarken suchen dürfte, was ihm natürlich gerne bewilligt wurde. Er fand nicht nur eine Reihe der ersten Skilling-Marken, sondern auch einen Briefumschlag mit der 3-Skilling-Marke in der bis dahin nicht bekannten Farbe gelb. Doch so recht war dem Finder diese Farbvariante nicht, denn er hatte Sorge, ob der Briefmarkenhändler Lichtenstein dafür auch einige Kronen bezahlte, wie er es bisher immer für andere Skilling-Werte getan hatte. Indes, die Befürchtungen des Georg Backmann erwiesen sich als unbegründet. Zwar war auch dem Händler das Auftauchen einer neuen Farbe nicht ganz geheuer, doch weil er schon viele Marken vom Finder erhalten hatte, bewilligte er auch hier die 7 Kronen für den Ankauf.

Nur ein Jahr später zählte der Schweden-Fehldruck in Philateliekreisen zum Tagesgespräch, als anläßlich einer Briefmarkenausstellung in Stockholm diese 3-Skilling-Marke große Aufmerksamkeit auf sich zog. Man kann sich vorstellen, wie sich der Finder Georg Backmann geärgert hat, als er erfuhr, was er da nichtsahnend aus der Hand gegeben hatte.

Eine weitere Briefmarke kann für sich in Anspruch nehmen, etwas Außergewöhnliches zu sein. Die Rede ist von einem häßlichen Stück Papier, das 1856 in Britisch-Guayana erschienen ist. Vielleicht ist dies die kostbarste Marke der Welt. Sie kann aber sicher als eine der unscheinbarsten angesehen werden.

Schon im Jahre 1850 waren in dieser verlassenen britischen Kronkolonie die ersten Marken erschienen. Ende 1855 gingen aber aufgrund einiger Weihnachts- und Neujahrswünsche die Markenbestände aus. Der Bedarf, vornehmlich in den Wertstufen 1 Cent und 4 Cent, konnte nicht rechtzeitig gedeckt werden. Man entschloß sich, eine kleine Auflage provisorischer Marken zu drucken, die in einem rechteckigen Viereck die Silhouette eines Segelschiffes erahnen ließen.

Eigentlich ist es unerklärlich geblieben, warum die Marke zu 1 Cent nur einmal übriggeblieben ist. Man könnte aber annehmen, daß die Sammler, die es in diesen damaligen Tagen noch nicht in Fülle gab, den kleinsten Wert einer Ausgabe unbeachtet weggeworfen haben. Sie wandten sich lieber den höheren Portowerten zu, die auch in den Alben verstaut wurden.

Gefunden wurde das kostbare Exemplar vom Schüler L. Vernon Vaughan. Er entdeckte die spätere Rarität auf einem Umschlag, der zwischen anderen Briefen lag. Doch so recht wußte er mit diesem Fund nichts anzufangen. Dennoch war er als Sammler so schlau, nicht alles achtlos wegzuwerfen. Er erinnerte sich der Marke wieder, als er eine Auswahlsendung eines Briefmarkenhauses in Händen hielt. Gerne hätte er sich einige Stücke gekauft, die ihm in seiner Sammlung fehlten. Aber das Geld reichte nicht. Er machte sich auf den Weg zum ihm bekannten Sammler Mr. R. McKinnen, bot dort einige Doubletten an, mußte aber feststellen, daß der Sammler alles bereits hatte. Schließlich legte Vernon Vaughan sein Fundstück vor, und glücklicherweise, so dachte er damals jedenfalls, nahm Mr. McKinnen ihm dieses Stück für 6 Shilling ab. Mit diesem Geld vervollständigte er seine Sammlung, ohne zu ahnen, daß einige Jahre später soviel Geld für die 1-Cent-British-Guayana geboten werden würde, das ihm ohne weiteres den Kauf mehrerer Sammlungen ermöglicht hätte.

Den »Weltrekord« stellte 1985 ein »Baden-Fehldruck« auf. Er erzielte auf einer Auktion in Wiesbaden 2,3 Mio Mark! Ein Preis, der nie zuvor für ein philatelistisches Exemplar bezahlt worden war.

Die Geschichten der kostbarsten Briefmarken würden mehrere tausend Seiten füllen. Glück und Unglück bleiben stets mit den Wegen vieler Postwertzeichen verknüpft. Die kleinen Kostbarkeiten bestimmten menschliche Schicksale. Erst wenn man sie eingehend studiert, wird man erkennen, daß die leichthin gemachten Erzählungen von der »Blauen Mauritius«, vom »Schweden-Fehldruck« oder von der »1-Cent-British-Guayana« nicht angebracht sind.

# Schon mal was von Maluku Selatan gehört?

Nicht alles, was als Briefmarke angeboten wird, muß auch ein Postwertzeichen sein. Das mag überraschen. Aber immer wieder haben es in der Vergangenheit tüchtige Geschäftsleute verstanden, Briefmarken von Phantasieländern drucken zu lassen und gewinnbringend zu veräußern.

Dabei wird immer damit spekuliert, daß der unbedarfte Bürger überhaupt nichts mit der eingedruckten Länderbezeichnung anzufangen weiß und sich auch nicht der Mühe unterzieht, in Atlanten oder Lexika nach diesen ominösen Gebieten zu suchen. Jene, die nicht viel von Briefmarken verstehen, kaufen alles, was in irgendeiner Form einem Postwertzeichen ähnelt.

Die Reihe der Phantasieprodukte, die auf den Markt strömten, ist lang. Die Gewinnsucht einzelner hat auch vor der Philatelie keinen Halt gemacht. Einige Beispiele sollen an dieser Stelle Erwähnung finden.

Ein schöner Verkaufserfolg war zum Beispiel den Gebrüdern Julius und Henry Stolow beschieden, die Briefmarkenserien der »Republik Maluku Selatan« herstellen ließen und auch vertrieben. Schöne Motive zierten diese »Postwertzeichen« (siehe obenstehende Abbildung), gerade nach dem Geschmack des unbedarften Sammlers ausgerichtet, der alles zusammenträgt, was Zacken hat — und sollten es auch nur Rabattmarken sein. Die Stolows ließen die Serien in der Staatsdruckerei in Wien über die Druckstöcke laufen und begannen alsbald mit ihrem Geschäft. Als sich Philatelisten verwundert die Augen rieben, behaupteten die Stolows, diese Marken wären von der Exilregierung der Republik

Maluku Selatan in Auftrag gegeben worden, die allerdings keiner so richtig ausfindig machen konnte. Existent hingegen waren zwei Abenteurer, die mit dieser Regierung identisch sein sollten.

Im Falle der Ausgaben von Maluku Selatan ging es für die Käufer ohne finanzielle Einbuße aus. Sie konnten die Marken zurückgeben und erhielten den gezahlten Geldbetrag zurück. Da aber viele von der Schönheit dieser Marken so beeindruckt waren, daß sie diese lieber behielten, war das Geschäft für die Stolows dennoch lohnend.

Die Liste der gezackten Papierschnitzel läßt sich fortsetzen. Da waren urplötzlich Marken aus Sedang, einem angeblichen Königreich am Fluß Mekong in Hinterindien, auf dem Markt, Ausgaben aus Wikingland, deklariert als Hoheitsgebiet im Bereich der Dogger-Bank, Sätze aus Nagaland, einem Landesteil der indischen Union nahe der Grenze nach Birma.

Ein weiterer Geschäftemacher ernannte sich zum Postminister des Staates »Luconia«, den niemals einer finden wird, mag er auch noch so lange suchen. Andere sind indes noch so ehrlich, daß sie ihre Marken als private Lokalpostmarken bezeichnen. Dazu zählen Ausgaben der Kaulbach-Inseln, der Sanda-Inseln (siehe Abbildungen), der Herm-Insel, die tatsächlich im Kanal zwischen Frankreich und Großbritannien existiert (siehe Abbildungen).

Ausgaben der Sanda-Inseln

Ausgaben der Herm-Insel

Zu den Machwerken müssen auch angebliche Ausgaben Rumäniens gerechnet werden. Die Hersteller werden sicherlich ein gutes Geschäft gemacht haben, wählten sie doch eine Darstellung, die an die Europa-Gemeinschaftsausgaben erinnerte. Da es nicht einzuschätzen war, ob diese Ausgaben als Mitläufer zählten, wanderten sie in eine nicht zu bestimmende Anzahl von Alben. In gleicher Weise mag es sich mit Marken mit der Länderbezeichnung »Nez. Drz. Hrvatska« verhalten haben.

Angebliche Ausgabe Rumäniens zu den Europa-Gemeinschaftsausgaben

24

»Europa-Marken« aus Nez. Drz. Hrvatska.

Viel Wirbel hat es auch um die Serien des Staates »Occussi Ambeno« gegeben, die auf einer bedeutenden philatelistischen Veranstaltung verkauft wurden. Diese Marken kamen sogar auf Briefen in verschiedenen europäischen Ländern an, zumeist von Spanien aus verschickt.
Zum Ende dieses Streifzugs durch das »Schlaraffenland der Phantasie« sei noch auf die Ausgaben der Insel Sealand hingewiesen. Dieses Gebiet besteht aus einer Stahlplattform, wenige Meilen vor der englischen Küste gelegen. Dort leben nur wenige, aber die selbsternannten Besitzer haben schnell erkannt, daß sich mit Briefmarken Geld verdienen läßt. Sie kämpfen demzufolge um die Anerkennung als souveräner Staat und um die Aufnahme in den Weltpostverein.
Logischerweise haben solche Machenschaften immer ihre Schattenseiten. Viele Sammler sind verunsichert, ob die zum Kauf angebotenen Marken nicht unter die Rubrik »Schwindel« fallen. Als Folge dieser Verunsicherung werden einige Sammelgebiete nicht beachtet, die in keiner Weise zu den Phantasiestaaten gerechnet werden dürfen. Erinnert sei an die Ausgaben des Malteser-Ordens, seit 1966 nahezu 50 Serien. Oder auch an die Marken des »Internationalen Gerichtshofes« in Den Haag, eine überstaatliche Einrichtung, die bereits 1899 als »Ständiger Gerichtshof« gegründet wurde. Dort verwendet man seit 1934 eigene Marken. Zuerst wurden niederländische Postwertzeichen mit goldenem Aufdruck benutzt. Ab 1950 kamen eigens für diese Behörde gedruckte Marken zum Verkauf, die an einem niederländischen Postamt abgestempelt werden.

Fragen an den Briefmarkenhändler sind nur zu empfehlen. Er kann in den meisten Fällen sichere Auskunft geben.

Das gilt insbesondere auch für Angebote, in denen absolute Raritäten zum Angebot kommen. Wenn man für einen »Mondbrief«, der in der Raumkapsel Apollo 14 zum Mond befördert worden ist, um die 20 000 Mark zahlen will, so ist das Sache jedes einzelnen. Ob es empfehlenswert ist, muß dahingestellt bleiben.

Angeboten werden zudem geschnittene Briefmarken Österreichs – die Sensation, wenn man den Anbietern glauben will. Aber man muß dazu wissen, daß die Staatsdruckerei in Wien auf Bestellung privater Personen jedes gewünschte Postwertzeichen, das noch benutzt werden darf, auf Ganzsachen oder Schmuckblättern herstellt, wenn nur eine Mindestmenge abgenommen wird. Ausgekochte Geschäftemacher schneiden die Marken aus diesen Ganzsachen heraus und bieten diese zu stolzen Preisen an. Unverständlich, daß dieses Geschäft blüht, denn sie sind sehr leicht von den Normalmarken zu unterscheiden: dickeres, zuweilen sogar Kunstdruckpapier. Aber vielleicht ist das ja gerade die Besonderheit!

Auch sogenannte Probedrucke von Schweizer Postwertzeichen entpuppen sich als Schwindel. Sie rechtfertigen auf jeden Fall nicht den Preis, den man dafür verlangt, weil die Schweizer Postverwaltung diese Probedrucke kostenlos zur Verteilung brachte.

Die Masche mit den Abarten sollte ebenfalls nicht unerwähnt bleiben. Es ist schon häufiger vorgekommen, daß bei Ausgaben der Deutschen Bundespost der Gummi unterschiedliche Farbtönungen aufwies. So kamen zum Beispiel einige Weihnachtsblöcke mit weißem und zum Teil mit gelbem Gummi an die Schalter. Obwohl die Bundesdruckerei dazu erklärte, daß dies keine Kriterien für Abarten wären und die unterschiedliche Färbung nur duch die Verwendung anderer Grundsubstanzen zu erklären ist, kamen Händler auf die Idee, aus den verschiedenen Tönungen Kapital zu schlagen, wie der abgebildete Anzeigenausschnitt beweist.

Mit welchen Methoden zuweilen gearbeitet wird, verdeutlicht ein Fall aus Italien. Gefälschte Marken mit giftigem Gummi wurden in den Handel gebracht. Über die daraus möglichen Gesundheitsschäden hat der Auftraggeber mit Gewißheit nicht eine Minute nachgedacht. Hauptsache, die Kasse stimmte!

# Unerwünschte Ausgaben

In früheren Briefmarkenkatalogen begegnet man häufig diesem Zeichen ♦. Es kennzeichnete eine sogenannte »unerwünschte Ausgabe«, eine Marke oder eine Serie, die zu reinen Spekulationszwecken herausgegeben wurde, was besonders häufig bei Ausgaben des Ostblocks, der Deutschen Demokratischen Republik, bei Sätzen aus Scheichtümern am Persischen Golf, die ihre Geschäfte machen wollten, und bei Emissionen afrikanischer und südamerikanischer Staaten vorkam. Andere Ausgaben anderer Staaten sind »gebrandmarkt«, weil sie im eigenen Land nie im Postverkehr Verwendung gefunden haben und von Agenturen mit Wissen und Billigung der jeweiligen Landesregierungen an Sammler veräußert wurden. Um es überspitzt auszudrücken: Manche Länder verausgabten an jedem Tag des Jahres einen neuen Satz!

Von den über 200 Ländern, die Briefmarken herausgeben, verfügen nicht alle Staaten über Postverwaltungen, wie sie die europäischen Nationen vorweisen. Ein Großteil verpflichtet Agenturen, die das Ausgabeprogramm festlegen und die Motivwahl bestimmen. Das ist sowohl für die Agentur als auch für die Nation ein lukratives Geschäft.

Wer diese Marken sammelt, darf nicht vergessen, daß er diese Stücke auf keiner offiziellen Briefmarkenausstellung zeigen kann. Sie sind dort unerwünscht. Folgende Empfehlungen wurden herausgegeben:

1. Briefmarken, die nicht über den Weg des freien Verkaufs durch die große Mehrheit der Postschalter und nicht zum Frankaturwert in Umlauf gebracht werden

2. Briefmarken, deren Verkauf in übertriebenem Maße durch Handelsagenten vorgenommen wird, die nicht Angehörige des Ausgabelandes sind

3. Briefmarken, die der Öffentlichkeit angeboten werden über den Weg der gleichzeitigen Herausgabe in Form von Marken, Blocks oder Blättern, gezähnt oder ungezähnt, in teilweise beschränkter Auflagenhöhe, selbst wenn Farbunterschiede bestehen

4. Briefmarken, die mit einem Wertzuschlag herausgegeben werden, der 50 % des Frankaturwertes übersteigt (ausgenommen sind

Werte, die den normalen Tarif eines Inlandbriefes nicht überschreiten, unter der Bedingung, daß dieser Wertzuschlag den Frankaturwert nicht übersteigt), sind auf Ausstellungen abzulehnen.

Mit diesen Empfehlungen ist das Problem natürlich nicht gelöst. Wichtiger wäre eine Intervention des Weltpostvereins, der die Staaten zu einer seriösen Ausgabepolitik animieren sollte. Davor scheint man indes Scheu zu haben, weil man sich nicht in die inneren Angelegenheiten anderer Staaten einmischen will. Auch den Ländern, die durch ihre Markeneditionen Beutelschneiderei betreiben, dürfte man einmal moralische Bedenken ins Notizbuch schreiben. Es käme den Ausgabeländern letzten Endes zugute, weil die Sammler von heute in überwiegender Zahl eine seriöse Ausgabepolitik begrüßen und Marken der Postverwaltungen, die sich mit Neuheiten bescheiden, sehr gerne sammeln.

# Postwertzeichen – Kunst im kleinen Format

Über den Geschmack läßt sich bekanntlich nicht streiten. Das gilt auch bei der Gestaltung von Briefmarken. Während einige von einem Markenbild restlos begeistert sind, rümpfen andere die Nase und sprechen von einem völlig mißlungenen Entwurf. Gerade die Marken der Deutschen Bundespost haben sich in den letzten Jahren großer Kritik »erfreuen« müssen. Viele Sammler waren nicht damit einverstanden, was von Grafikern gestaltet wurde. Außerdem bemängelten sie die Wahl der Farben. Unwidersprochen kann wohl festgestellt werden, daß andere Staaten hinsichtlich der Gestaltung eine glücklichere Hand bewiesen haben. Hervorragend sind seit vielen Jahren die Ausgaben Schwedens, die durch ihre grafische Gestaltung überzeugen und viele Freunde gewonnen haben. Auch Österreich, die Schweiz und Liechtenstein, um nur einige zu nennen, haben mit vielen Ausgaben den Geschmack der Sammler getroffen.

Bedauerlich ist eigentlich, daß sich bisher kaum jemand mit den Postwertzeichen als Kunstwerk beschäftigt hat, daß kaum jemand die künstlerischen Leistungen der Stecher entsprechend gewürdigt hat.

Nicht alle Motive eignen sich für eine Wiedergabe auf Briefmarken. Die französische Postverwaltung verfolgt seit Jahren eine Tradition, die andere Länder einmal aufgreifen könnten. Dort werden Künstler dazu aufgefordert, Bilder speziell für die Briefmarkengestaltung anzufertigen. In einem Wettbewerb werden die gelungensten Entwürfe gesichtet und ausgewählt. Der Erfolg gibt den Franzosen recht – etliche Sammler haben sich mit diesen Gemäldemarken ein eigenes Kunstkabinett aufgebaut.

Briefmarkengestaltung – das ist die Kunst im kleinen Format. Wie unterschiedlich eine Thematik gelöst werden kann, zeigt die Farbtafel zum Sonderpostwertzeichen »Heiligtumsfahrt Aachen 1979«. (Siehe Farbtafel nach Seite 48.)

# Was muß man berücksichtigen?

Eine Briefmarkensammlung kann nur dann richtig aufgebaut, geordnet, bewertet und nicht zuletzt gepflegt werden, wenn man das richtige Zubehör besitzt. Wer seine »Schätze« in der Zigarrenkiste aufbewahrt, sie zwischen alten Zeitungen ablegt oder sie in Tassen und Tellern, dazu noch in feuchten Räumlichkeiten hortet, wird nicht lange Freude an den Briefmarken haben. Eine Blume gedeiht auch nur in guter Erde, zumindest entwickelt sie sich dort am besten. Das soll nun nicht bedeuten, daß man gleich immer das teuerste erstehen soll. Alben mit Ledereinband oder Pinzetten aus Platin erfüllen auch keinen anderen Zweck als die preiswerteren Produkte. Skiläufer, die noch nie auf den Brettern gestanden haben, können auch mit einer exklusiven Ausrüstung nicht besser die Hänge herunterwedeln. Zur Grundausstattung zählen:

Lupe
Pinzette
Wasserzeichensucher
Zähnungsschlüssel
Katalog
eventuell Analyselampe
Einsteckalbum

*a) Lupe*
Auf dem Markt werden Lupen unterschiedlicher Qualität, demzufolge auch zu unterschiedlichen Preisen angeboten. Es muß wirklich nicht gleich ein Stück sein, das die Marke 50fach vergrößert. Eine Lupe, die eine drei- bis fünffache Vergrößerung liefert, tut es auch.

*b) Pinzette*
Hier sollte man immer darauf achten, daß man eine spezielle Briefmarkenpinzette erwirbt. Ungeeignet sind Pinzetten, die an der Spitze scharfkantig sind und nur dem Arzt hilfreich sind, wenn er einen Splitter entfernen will. Geeignete Pinzetten kosten ca. 2 Mark. Diese Ausgabe sollte man nicht umgehen.

## c) Wasserzeichensucher

Wahrscheinlich der preiswerteste Zubehörartikel der Grundausstattung. Eine schwarze Schale, in die man die Marken einlegt, und zwar mit der bedruckten Seite nach unten. Durch wenige Tropfen Feuerzeug- oder gereinigtes (Wund-)Benzin wird das Wasserzeichen der betreffenden Marke sichtbar. Kein Autobenzin verwenden, da dieses ölige Zusätze enthält, die die Marken verändern! Vorsicht auch vor benzinempfindlichen Postwertzeichen. Angaben im Katalog hierzu immer beachten.

Empfehlenswert, weil besser, aber auch teurer, ist ein in England hergestellter Wasserzeichensucher, der auf mechanischer Basis arbeitet und die Marken chemisch nicht angreift. Mit diesem Gerät kann das Wasserzeichen bei Marken auf Briefen festgestellt werden – ohne Ablösung der Postwertzeichen vom Papier!

Eine deutsche Neuentwicklung ist das Signoscope. Es kostet zwar über 200,– Mark, ist aber ein Spitzenprodukt, das ein Verkaufsschlager wurde.

## d) Zähnungsschlüssel

Mehrere Sorten von Zähnungsschlüsseln sind auf dem Markt. In einigen Katalogen (Michel z. B.) ist ein Zähnungsschlüssel auf Kartonpapier abgedruckt. Empfehlenswerter scheinen allerdings Zähnungsschlüssel aus Metall oder Plastikfolie zu sein. Aber bitte beachten: Die Angaben der Zähnung in den Michel-Katalogen richten sich nach den Zähnungsschlüsseln des Katalogherausgebers! Ein Zähnungsschlüssel ist von besonderer Wichtigkeit, wenn es bildgleiche Marken mit unterschiedlicher Zähnung gibt. Zähnungsunterschiede sind dann zumeist auch Preisunterschiede. Wie man mit einem Zähnungsschlüssel richtig umgeht, zeigt untenstehendes Foto!

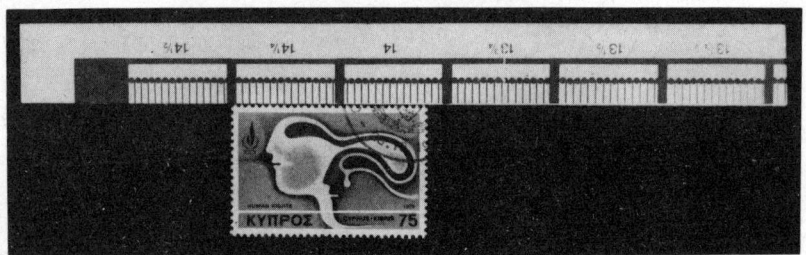

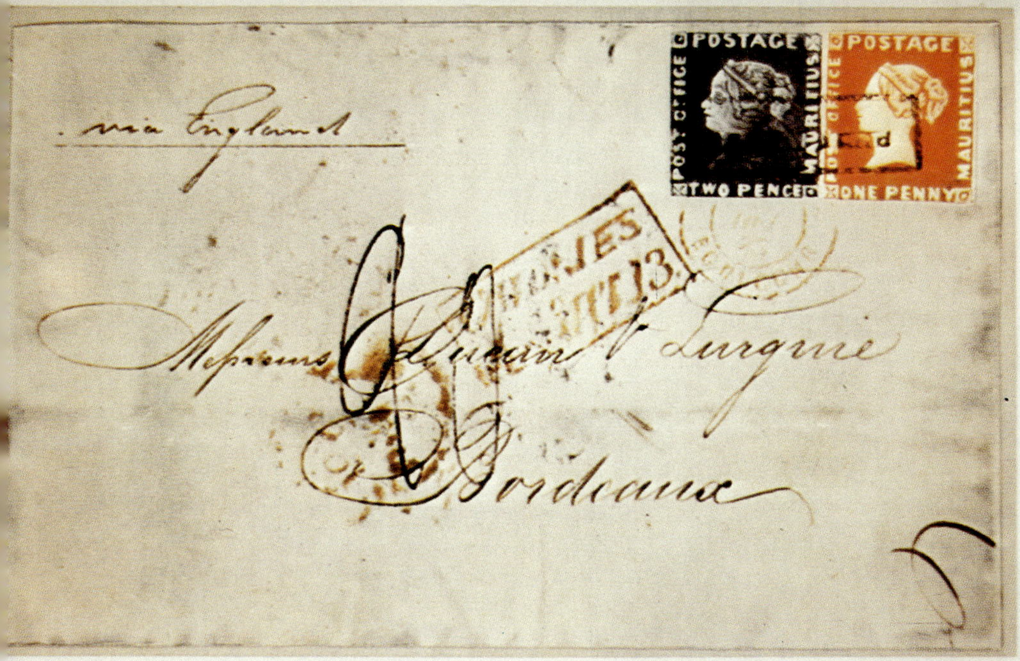

POSTAGE
POST OFFICE
MAURITIUS
TWO PENCE
POSTAGE
POST OFFICE
MAURITIUS
ONE PENNY
via England
Messieurs
Bordeaux


LUBRAPEX 74
Brasil 74
2,00
SÃO PAULO

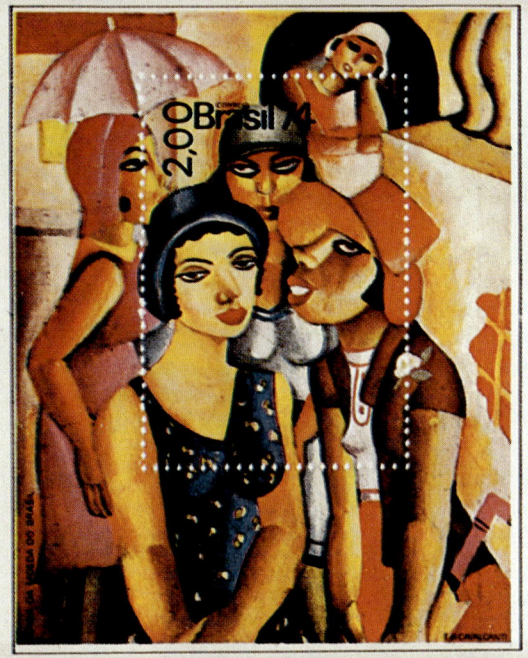

Die »Mauritius-Marken« auf Brief (oben)
Der Schweizer Groß-Sammler Maurice Burrus kam 1934 in den Besitz dieses selten schön erhaltenen Briefes aus Port Louis, frankiert mit der 1 Penny und 2 Pence »Post Office«. Adressiert ist der Brief »via England« an Messieurs Ducan & Lurgnie in Bordeaux. Das bekannte Hamburger Auktionshaus Mohrmann besorgte diesen Beleg. Ein Wunschtraum jedes Sammlers.

Briefmarkenblöcke (unten)
Die Blockausgaben erfreuen sich in den letzten Jahren zunehmender Beliebtheit. Der umseitig abgebildete Block aus Brasilien würde sich ausgezeichnet für eine Motivsammlung »Gemälde« eignen. Spekulanten erhoffen sich durch den Ankauf von Briefmarkenblöcken eine gute Rendite. Doch in den meisten Fällen bleibt diese Vorstellung nur ein Wunschdenken. Lediglich die wenigen Ausnahmen – z. B. Großbritannien Block 1 oder Zypern Block Makarios – konnten den Besitzern finanziellen Gewinn sichern.

## e) Katalog

Ein Katalog ist unentbehrlich, weil man erst nach der dort vorgenommenen Numerierung seine Marken ordnen kann. Aber nicht gleich mit einem »Spezialkatalog« beginnen. Ein handlicher Katalog, der nicht alle Besonderheiten enthält, reicht für den Anfang durchaus.

## f) Analyselampe

Diese Anschaffung kann beim Start ruhig unterlassen werden. Gute Lampen kosten bereits um die 100 Mark. Einige Postverwaltungen verwenden fluoreszierendes Papier, aber gleichzeitig auch Normalpapier bei der Herstellung gleicher Marken. Die Analyselampe läßt diesen Unterschied sichtbar werden.

Ähnlich verhält es sich mit der Phosphoreszenz. Für gute Analyselampen gibt es eine Spezialvorsatzröhre, mit der sich auch die Verwendung von Phosphor erkennen läßt. Für Sammler, die oft auf Tauschtagen sind, empfiehlt sich ein tragbares Gerät.

Bitte beachten: Die Geräte verschiedener Hersteller haben unterschiedliche Wellenlängen, so daß bei vergleichenden Untersuchungen (gleiche Marke, verschiedene Geräte) abweichende Ergebnisse auftreten können!

## g) Einsteckalben

Wer mit dem Sammeln beginnt, sollte sich mit einem Einsteckalbum begnügen. Doch dabei ist darauf zu achten, daß die verwendete Folie »weichmacherfrei« ist. Dann werden die Marken auch auf lange Sicht nicht beschädigt.

Fortgeschrittene Sammler wenden sich den Falzlosalben zu, die es bei mehreren Verlagen für fast alle beliebten Sammelgebiete gibt. Diese Alben enthalten aber in den seltensten Fällen einen Platz für Abarten.

Neueste Entwicklung auf dem Markt: das bi-collect-Album, in dem man gleichzeitig sowohl postfrische als auch gestempelte Marken aufbewahren kann.

Für den Individualisten empfiehlt sich der Kauf von leeren, vordrucklosen Blättern. So kann er sich seine Sammlung höchst individuell aufbauen und auch Briefausschnitte, Briefe, Ganzsachen oder ähnliche postalische Belege seinen Marken zuordnen.

# Was soll man sammeln?

Eine Antwort auf diese Fragestellung ist nahezu unmöglich, denn Ratschläge für besonders interessante Sammelgebiete zu geben, würde nicht in den Freiraum dieses Hobbys passen. Jeder soll das sammeln, was er für richtig hält, was ihm ganz besonderen Spaß macht. Eine Einengung auf ausgesuchte Bereiche der Briefmarkensammlerei wäre zugleich eine Einengung der Philatelie.

Grundsätzlich sollte man sich aber beim Sammlungsbeginn folgendes überlegen: Will ich mir per Briefmarke eine Kapitalanlage schaffen oder soll das Zusammentragen der Marken nur eine Freizeitbeschäftigung ohne jeden materiellen Nutzen sein? Eingefleischte Sammler lehnen das Sammeln aus materiellen Gründen durchweg ab, so behaupten sie jedenfalls. Und jene, die aufgrund einer prallgefüllten Brieftasche jeden Markenkauf durchführen könnten, wollen vom Geld überhaupt nichts hören. Dieses oftmals aufgebaute Idealbild stimmt indes nicht. Es sind zumeist Äußerungen des Selbstbetruges. Denn warum geben dann diese Sammler, wenn sie alt geworden sind, ihre Sammlungen nicht an junge Briefmarkenfreunde weiter? Warum unterstützen sie den Nachwuchs so wenig?

Die Philatelie läßt für jede Interessengruppe einen breiten Spielraum. Während die einen sich mit dem Aufbau einer kompletten Ländersammlung begnügen oder zumindest nur gewisse Zeiträume eines Gebietes, etwa ab 1945, zusammentragen, bemühen sich andere um einen Sammlungsaufbau nach eigenen Gesichtspunkten. Dichter, die Geschichte der Fotografie, Brücken, Flüsse, Pflanzen – die Aufzählung der möglichen Sammelgebiete würde Seiten füllen. Maßgebend für die Entscheidung ist der ganz persönliche Geschmack – und das wird glücklicherweise immer so bleiben. Würden alle das gleiche sammeln, hätte die Philatelie nahezu alles von ihrem Reiz verloren.

Ein Tip für den Anleger: Lieber eine Marke zu 1000 Mark, als 1000 Marken für je 1 Mark!

Sondereinschreibbeleg, Sonderstempel, Maschinenstempel

Karte, eingeschrieben, Stempel und Sondereinschreibzettel vom 2. Kongreß der
internationalen europäischen Bewegung in Den Haag 8. bis 10. Oktober 1953, Belegstück C 22 nach Spezialkatalog D'Urso, selten.

Briefausschnitt mit Sonderstempel zur Außenministerkonferenz in Baden-Baden
1953, Belegstück C 21 nach Spezialkatalog D'Urso, selten. Die Marke hat nur einen
Wert von wenigen Pfennigen, der Stempel kostet das hundertfache.

Briefausschnitt, Freistempelausschnitt von der 2. europäischen Werkzeug-Maschi-
nen-Ausstellung in Hannover 14. bis 23. September 1952, Belegstück S 26 a, selten.
Solche Belege sind kaum noch zu finden, weil sie achtlos weggeworfen worden
sind. Preis eines kompletten Briefes weit über 100 Mark!

# Sammeln — einmal anders

Die meisten Briefmarkensammler kaufen sich ein Einsteck- oder Vordruckalbum, tragen Marken verschiedener Länder zusammen, greifen zum Katalog, um die Preise zu erfahren und legen damit den Grundstein zu einer Sammlung, die andere Sammler in gleicher Weise vorliegen haben. Sie sammeln ohne eigene Ideen, mehr wahllos als zielvoll, überspitzt ausgedrückt ohne irgendeinen Bezug zur Marke.

Dieses Sammeln ist am weitesten verbreitet. Dabei ist den Sammlern nicht einmal ein Vorwurf zu machen. Sie haben fast niemanden, der beraten oder wichtige Hinweise geben kann. Auf sich allein gestellt, greift man eben oft zum einfachsten Weg.

Interessant wird eine Leidenschaft zumeist erst dann, wenn sie etwas Außergewöhnliches beinhaltet. Etwas zusammenzutragen, was einmalig ist es, oder etwas aufzubauen, was nur wenige in ähnlicher Weise tun — das ist, was das Sammeln lohnend macht.

Wer sich einmal als Gast einer Briefmarkenausstellung mit den ausgestellten Objekten vertraut gemacht hat, hat schnell erkannt, daß hier keine Einheitssammlungen auf Vordruckseiten zu bestaunen sind. Jeder Aussteller hat seine Sammlung nach seinen individuellen Gesichtspunkten aufgebaut, hat die Blätter in eigener Regie gestaltet. Und noch etwas wird aufgefallen sein: Nicht nur Marken waren zu bestaunen, sondern auch Briefe, Stempel oder Einschreibzettel.

Gerade in den letzten Jahren hat diese Form des Sammelns viele Freunde gefunden. Während die einen sich ausführlich mit dem Europa-Gedanken befaßt haben, wandten sich andere ihrer Heimatstadt zu und bauten sich eine »Heimatsammlung« auf, aus der man schließlich die gesamte Postgeschichte zurückverfolgen kann. Der Phantasie sind keinerlei Grenzen gesetzt.

Wer sich von diesen Zeilen anregen läßt, ist auf dem richtigen Weg. Und noch etwas sei hinzugefügt: das Briefmarkensammeln ist keine Angelegenheit für wohlgefüllte Brieftaschen. Die Jagd nach Stempeln oder Briefen ist in den meisten Fällen ohne großen finanziellen Einsatz von Erfolg gekrönt. Allerdings ziehen die Preise an.

# Nicht nur die Marke zählt

Die meisten Menschen glauben, nur die Briefmarke würde sammelwürdig sein. Deshalb schneiden alle die Ecken aus den Briefen oder Karten, auf denen sich die Marken befinden, um sie dann im Wasserbad abzulösen. Welche Werte aber dabei durch Unwissenheit zerstört werden, ist kaum einem klar.

Es hat in der Postgeschichte der einzelnen Gebiete und Länder immer wieder Zeiten gegeben, in denen keine Marken zur Verfügung standen. In diesen Notsituationen bediente man sich nur der Stempel, die auf dem Brief angebracht wurden, damit jeder sehen konnte, daß die Gebühr für den Transport des Briefes bezahlt war. Einer, der nur die Marke als sammelwürdig einstuft, wird diese Belege achtlos wegwerfen. Aber, er wirft bares Geld weg. Gerade diese Belege sind gesucht, und zwar deshalb, weil die meisten sie weggeworfen haben.

Ähnlich verhält es sich mit alten Karten oder Briefen. Da werden mit der Schere die schönsten und seltensten Sonderstempel zerstört, da werden Zeitdokumente im guten Glauben, das Richtige zu tun, vernichtet.

Die Philatelie von heute ist zu einer Wissenschaft geworden. Das bedeutet aber auch, daß sich viele Sammler mit Forschungen befassen, daß sie postgeschichtlich arbeiten. Ergebnisse dieser Mühen sind in den meisten Fällen Spezialkataloge, in denen die Marke nur noch eine Nebensache ist. Hier geht es vielmehr um Stempel, um Einschreibzettel, um provisorische Postbelege, kurzum um alles, was postgeschichtlich für die mannigfaltigen Gebiete von Bedeutung ist.

Dabei wird den Stempeln eine besondere Beachtung geschenkt. Eine Karte oder ein Brief, die nur mit einer billigen Marke versehen sind, aber einen besonderen Stempel tragen, sind teilweise um das tausendfache wertvoller als die aufgeklebte Marke. Ein typisches Beispiel für die Nichterkennung des Wertvollen ist die Ausgabe »Ziffernserie« der Bundesrepublik aus dem Jahre 1951. Die Marken kosten gestempelt nur wenige Mark, auf Brief muß man jedoch schon über tausend Mark bezahlen. Wohl denen, die die Marken nicht abgelöst haben!

# Erinnophilie — was ist das?

Haben wir in den vorhergehenden Kapiteln kurz von der Möglichkeit und Notwendigkeit gesprochen, neben den Briefmarken auch auf Stempel zu achten, so fällt der Schritt zu einem in den letzten Jahren immer beliebter gewordenen Sammelgebiet nicht schwer. Denn wie bei den Belegen und Stempeln geht es auch bei der »Erinnophilie« um die Verknüpfung des Markensammelns mit der Geschichte. Auch wenn die »Erinnophilie« nicht unmittelbar mit der Philatelie zu tun hat, so kann doch die Auswahl einiger Stücke aus diesem Sammelbereich zur Auflockerung der eigenen Sammlung beitragen.

Unter dem Oberbegriff »Erinnophilie« sind alle die Marken zusammengefaßt, die keinen postalischen Charakter haben. Dazu zählen Privatmarken, Verschlußmarken oder auch die Vignetten, mit denen der Markt in letzter Zeit überschwemmt wird. Aber auch halbamtliche Flugmarken, Stempelmarken, Fiskalmarken, Wohltätigkeits- und Spendenmarken, Propagandamarken und private Firmenwerbemarken. Teilweise werden diese Marken auch in den Briefmarkenkatalogen aufgeführt, und in der Inflationszeit wurden Gebührenmarken sogar als Briefmarken verwendet oder Briefmarken als Gebührenmarken.

Das Sammeln dieser Belege hat bereits eine lange Tradition. Schon im Jahre 1888 wurde der Verein »Deutsche Gesellschaft für Staats- und Privatmarkenkunde e. V.« gegründet. Im Jahre 1912 kam der »Internationale Propagandamarken-Sammlerverein« hinzu. Beide Vereine gingen 1964 in der Sammler-Union »Erinnophilie International« auf, die diese Tradition fortsetzt.

Auch wenn es immer noch genügend Philatelisten gibt, die die Sammler dieser Belege über die Schulter ansehen — seltene Erinnerungsmarken verhelfen einer Sammlung zum Leben. Nur sollte sich jeder hüten, zuviel des Guten zu tun. Eine Beschränkung ist in diesem Fall mehr.

Eines sei an dieser Stelle noch erwähnt. Die Herausgabe von Vignetten hat Sammlervereine und auch Händler dazu verleitet, diesen Trend ins Unermeßliche zu steigern. Prüfen Sie deshalb genau, ob sich die Anschaffung einer Vignette lohnt, ob sie einen offiziellen Charakter hat oder ob sie nur aus Gründen der Geldmache herausgegeben wurde.

Immer mehr Freunde findet auch das Sammeln von Postkarten. Da bekanntlich jedes Ding einen Namen braucht, war auch dieser schnell geboren: Philokartie! Seltene Karten passen ebenfalls in eine Sammlung. Beachten Sie auch dies!

Interessanter Stempel zur »Kunst-, Jagd- und Fischereiausstellung« in Düsseldorf. Mit diesem Stempel wurde auf diese Veranstaltung hingewiesen, wie das Datum (16. Mai 1925) des Normalstempels verrät. Von Spezialsammlern gesucht! (oben) Stempel zum 34. Allgemeinen Liederfest des Schwäbischen Sängerbundes in Stuttgart 8. bis 11. Juli 1938. Auch dieser Stempel wurde vor der Veranstaltung eingesetzt. Die Marke auf der Karte kostet nur wenige Pfennige. Der Stempel wird gesucht (Abb. Seite 41).

Ein typisches Beispiel für den Aufbau einer individuellen Sammlung. Dieser Einschreibbrief wurde im schwedischen Borlänge aufgegeben. Die großen Marken links zeigen die schwedische Ausgabe zum »Denkmalschutzjahr«, das 1975 in Europa deklariert war. Für eine Sammlung, die den Denkmalschutz als Thematik vorweist, ein schönes Belegstück, das nur wenige Mark kostet (Abb. Seite 41).

# Briefmarken als Anlage

Immer wieder sprach man in der Vergangenheit von der »Aktie des kleinen Mannes«. Diese Aussage kann einiges verdeutlichen: So wie die Aktien von Kursgewinnen oder Kursverlusten betroffen sein können, so können auch Briefmarken im Preis steigen oder sinken. Eine zuverlässige Vorausschau ist nicht immer möglich.

In großformatigen Inseraten, die per Wurfsendung ins Haus kommen, werden immer wieder Beispiele angeführt, wie hervorragend sich eine Briefmarke als Anlagemöglichkeit eignet. »Wir lieferten die abgebildete Marke im Jahre 1951 für 32 Pfennig im Abonnement aus. Heutiger Marktpreis ca. 250 Mark«, heißt es da. Doch dies ist heute kaum noch der Fall. Die Markenausgaben, die in wenigen Jahren einen hohen Gewinn erzielen, sind selten geworden. Die Suche nach dem Reichtum verleitet aber immer wieder einige, diesen verlockenden Angeboten Glauben zu schenken und das auf heutige Verhältnisse zu übertragen. Im Jahre 1960 brachte das Fürstentum Liechtenstein eine Europa-Marke in den Verkauf, die sich sehr schnell gut absetzen ließ. Für einen Kleinbogen, der mehrere Marken dieser Ausgabe enthielt, muß man heute mehrere tausend Mark bezahlen. Als diese Marke 1960 einen Preisboom durchmachte, dachten sich viele, das würde bei den folgenden Europamarken von Liechtenstein so weitergehen. Sie horteten die Ausgabe von 1961 und mußten schließlich erfahren, daß diese Hoffnung vergebens war, denn diese Marke blieb immer auf einem niedrigen Katalogpreis stehen.

Wer über mehr finanzielle Mittel verfügt, sollte sich an jene Ausgaben heranwagen, die nur noch in sehr begrenzter Anzahl vorhanden sind. Aber immer sollte man auf die Qualität achten!

Als Anlage eignen sich die Neuheiten in den wenigsten Fällen. Empfehlenswert wäre es eher, die Ausgaben hierfür zusammenzuhalten und sich am Jahresende eine gute Marke zu besorgen. Beachten Sie hierbei auch, daß beim Verkauf einer Sammlung nur die besseren Werte bezahlt werden; Neuheiten werden bei der Berechnung kaum berücksichtigt. Wer kontinuierlich nach guten Ausgaben sucht und sie sich nach und

Stempel zum 34. Liederfest des Schwäbischen Sängerbundes 1938 in Stuttgart.

Schwedische Ausgabe zum »Denkmalschutzjahr« 1975.

41

nach kauft, kann mit Briefmarken ein schönes Kapital ansparen, und wenn er Glück hat, verzinsen sich die Postwertzeichen wesentlich besser als die heute üblichen Anlagemöglichkeiten. Neben Immobilien zählen die Marken wohl mit zu den besten Möglichkeiten, Vermögen zu bilden, und das letzten Endes mit recht bescheidenen Mitteln. Einige Händler bieten ein sogenanntes Aufbauabonnement an, bei welchem Sie den monatlichen finanziellen Einsatz selbst bestimmen. Mit nur 50 Mark im Monat können Sie eine schöne Sammlung aufbauen, die auch vom Verdienst her eine gute Zukunft haben könnte. Lassen Sie sich aber immer eingehend beraten. Fragen Sie lieber mehrere Experten und bilden sich dann Ihre eigene Meinung. Die Beiträge in der Fachpresse helfen Ihnen zudem auch noch.

Frühe Marken der Bundesrepublik Deutschland ▶

Michel Nr. 111, 1949. Die erste Marke der Bundesrepublik Deutschland (Abb. 1).
Michel Nr. 113–115, 1949. Erinnerungssatz »100 Jahre Deutsche Briefmarken«.
Die zweite Ausgabe der Bundesrepublik Deutschland (Abb. 2).
Michel Nr. 136 und 138, 1951. Die beiden Hauptwerte des sogenannten »Posthorn-Satzes«. Kernstücke jeder Bundesrepublik-Sammlung. Postpreis DM 5,25. In postfrischer Erhaltung mit fast 10 000 Mark katalogisiert. Vorsicht vor Nachgummierungen und Entfalzungen (Abb. 3).
Michel Nr. 146, 1951. Wohlfahrts-Ausgabe »Helfer der Menschheit« (Abb. 4).
Michel Nr. 140, 1951. »700 Jahre Marienkirche Lübeck«. Nicht ganz einwandfreie Zähnung kommt häufig vor (Abb. 5).
Michel Nr. 159, 1952. Wohlfahrts-Ausgabe »Helfer der Menschheit« (Abb. 6).
Alle Ausgaben der Bundesrepublik Deutschland sollten bei einer Kapitalanlage beachtet werden, allerdings überwiegend die Editionen bis Ende 1955. Die Ausgaben der Jahre 1960 bis 1969 sind nicht empfehlenswert. Kauf zu Postpreis noch möglich.

Abb. 1

Abb. 3

Abb. 2

Abb. 4

Abb. 5

Abb. 6

# Markenkauf

Wer hat nicht schon im Kindesalter Briefmarken gesammelt? Angeregt durch Spiel- oder Klassenkameraden mußten alle in der Familie mitmachen und Briefmarken aufheben. Dabei achtete keiner genau darauf, ob alle Zähne vorhanden waren oder der Stempel auf der Marke gut leserlich angebracht war. Postwertzeichen, die keine »Zacken« aufwiesen, wie man immer sagte, wurden gleich weggeworfen.

»Wieviel hast du denn schon?«, hieß es dann auf dem Schulhof, und die Quantität lag logischerweise immer vor der Qualität. Das Album offenbarte ein buntes Durcheinander von Marken aus vielen Ländern. Am stolzesten waren immer diejenigen, die verkünden konnten: »Ich hab' eine aus Australien und auch eine aus Indien!« Schließlich mußte ja eine Briefmarke, die von weither kam, erheblichen Wert besitzen, dachte man sich jedenfalls. Die Eltern unterstützten diesen Irrglauben, und immer, wenn die Verwandten zu Besuch kamen, erfolgte die Aufforderung: »Hol' doch mal dein Album. Tante Hermine will auch mal sehen, wieviel schöne Marken du hast!«

Staunend saßen wir dann da, holten die Briefmarken mit den Fingern aus dem Album — weil ja anstelle einer Pinzette lieber ein Eis gekauft worden war —, bewunderten die Fische, Schiffe und Katzen, die Esel und Elefanten, erfreuten uns an den bunten Bildchen. Tante Hermine, aber auch Onkel Fritz stellten schließlich immer wieder fachmännisch fest: »Da hast du aber schon eine wertvolle Sammlung zusammengetragen!«

Wie kostbar die ganzen Papierschnitzel dann wirklich waren, stellte sich spätestens dann heraus, wenn man sich näher mit der Sammlung befaßte, sich Kataloge besorgte, stundenlang nach den eigenen Marken fahndete und schließlich von einer Enttäuschung in die andere fiel. Die wertvolle Marke aus Australien offenbarte einen Katalogwert von 10 Pfennigen, und die besonders kostbare aus Indien kostete sogar noch fünf Pfennig weniger.

Es war also nichts mit dem erträumten Reichtum. Selbst die Hitlerausgabe, an die sich noch alle gut erinnern konnten, entpuppte sich als Ausgabe von geringem Wert.

So konnte das nicht weitergehen, dachte man sich. Da muß ich mir halt Marken kaufen, womit gleich der Verzicht auf irgendwelche süßen Leckereien eingeschlossen war. Weihnachten, Ostern, ja selbst fürs gute Zeugnis wünschte man sich Briefmarken. Das traf bei den Eltern zwar nicht auf ungeteilte Gegenliebe, aber neben Socken, Hemden und Büchern lagen dann stets auch Postwertzeichen bei den Geschenken. Schöne kleine Pakete, mit »100 alle Welt« oder »50 Schiffsmotive« oder auch »25 verschiedene Dreiecksmarken«. Ich war immer um Papierschnitzel reicher, aber wertvoller war meine Sammlung nicht geworden. Und wenn ich leise anmerkte, man hätte sich ja nach meinen Wünschen erkundigen können, zuckten die Eltern mit den Schultern, schauten sich verständnislos an und entrüsteten sich über soviel Undankbarkeit meinerseits. Als dann auch noch Oma kam und mir ein ähnliches Briefmarkenpaket voller Würde und Selbstgefälligkeit überreichte, war ich endlich restlos bedient, nahm meine Geschenke, verkroch mich in mein Zimmer und zeigte die schönen Bildermarken meinem Papagei Ara, der auch nichts anderes sagen konnte als »Schöööön!«

Warum erzähle ich diese Geschichte? Weil nahezu alle Fehler darin enthalten sind, die beim Kauf von Briefmarken gemacht werden können. Fehler, die sich irgendwo täglich wiederholen, Fehler, die Geld kosten und nichts einbringen, und Fehler, die jedem Anfänger das Sammeln vermiesen können.

Ein Briefmarkenkauf muß überlegt sein – und das bereits von Beginn einer Sammlung an. Natürlich kann man als Anfänger alles nehmen, was von Freunden, Bekannten oder Verwandten zusammengetragen wird. Ein frühes Spezialisieren, vor allem im Kindesalter, ist nicht einmal ratsam, weil kostbare Marken nur unzureichend behandelt werden und demzufolge schneller beschädigt sind, als man vermuten sollte. Doch bereits nach wenigen Monaten darf eine, wenn auch vorläufige Festlegung der Sammelgebiete nicht ausbleiben. Sammeln macht zumeist dann erst Freude, wenn eine gewisse Systematik eingeschlagen wird. Für den, der über wenige finanzielle Mittel verfügt, ist es ratsam, sich den Gebieten zuzuwenden, die leicht erreichbar sind, also zum Beispiel den Ausgaben der Bundesrepublik Deutschland. Jene, die das Sammeln nicht nur aus Spaß an der Freud betreiben, sondern Briefmarken als Anlagemöglichkeit betrachten, sollten den Rat eines Experten befolgen. Briefmarkenkaufleute kennen den Trend des Marktes, können Hinweise geben, was sich als Anlage lohnt, worauf besonders geachtet werden muß.

Kehren wir zur eingangs geschilderten Geschichte zurück. Geschenkt wurden Briefmarkenpakete mit Motivmarken, schön aussehend, aber wertlos. Sie eignen sich nur für eine Thematik-Sammlung. Wer Schiffe sammelt, sollte auch immer Schiffe dazukaufen, und wer Deutschland sammelt, nur Marken deutscher Gebiete. Sogenannte »Kilowaren«, die auch in Großkaufhäusern angeboten werden, enthalten oftmals nur minderwertige Marken. Gute Kiloware eignet sich aber bestens als Grundstock einer Ländersammlung. Wer zum Beispiel 1 Kilo Marken aus Schweden kauft, wird schon eine schöne Auswahl dieses Landes vorweisen können, und zudem kommt es häufig genug vor, daß zwischen den gängigen Marken auch schon kostbare Stücke gefunden werden. Für einen Sammler, der schon mehrere Jahre seinem Hobby nachgeht, eignet sich die Kiloware kaum, es sei denn, der Sammler hat ausdrücklich darum gebeten. Wer beim Kauf von Kiloware spart, ist oftmals sehr enttäuscht, was den Inhalt betrifft.

Briefmarkenkauf ist Vertrauenssache. Wer teure Stücke im Kaufhaus ersteht, muß sich nicht wundern, wenn die Marken nicht hundertprozentig in Ordnung sind. Die Verkäufer verfügen nur in den wenigsten Fällen über die notwendigen Fachkenntnisse.

Briefmarken kauft man nicht mal eben so. Eine eingehende Beratung von Händlerseite ist unumgänglich. Und der Kauf beim Händler bietet auch in den meisten Fällen die Gewähr, daß man qualitativ gutes Material ersteht. Verlockende Verkaufsangebote können einen Haken haben.

Wer beim Briefmarkenkauf unaufmerksam ist, wird später dafür büßen müssen, denn ein Händler oder auch ein anderer Sammler achtet immer darauf, daß die Marken, die er selbst erstehen will, einen einwandfreien Zustand vorweisen.

*Besonders wichtig beim Kauf:*
Die Marken müssen einwandfrei gezähnt sein;
Postfrische Marken über 50 Mark Katalogwert sollten geprüft sein;

## Motive

Viele Sammler haben sich der »Motiv-Sammlung« zugewendet. Die Themenauswahl ist dabei unerschöpflich, denn auch die Postverwaltungen richteten ihr Ausgabeprogramm auf diesen Trend ein. Wir zeigen nur eine kleine Auswahl:

Sportmotive erfreuen sich großer Beliebtheit. Drei Marken aus der Deutschen Demokratischen Republik bzw. aus der Tschechoslowakei.

Tierliebhaber haben Gelegenheit, sich einen privaten Briefmarkenzoo auszubauen.

Früchte zeigen drei Ausgaben der Republik San Marino, ein Zwergstaat, dem der Briefmarkenverkauf viel Geld einbringt.

Gestempelte Marken dürfen bei den in der Bundesrepublik geltenden
Qualitätsansprüchen nur einen sauberen Rundstempel tragen;
Marken dürfen keine Knicke vorweisen, auch nicht an den Ecken der
Marke.

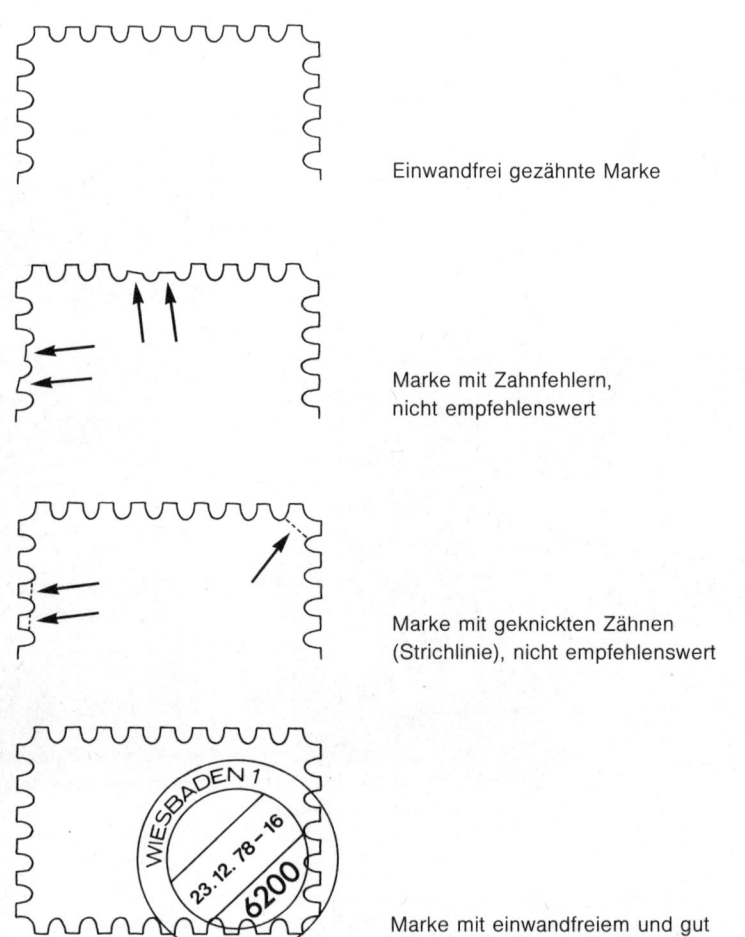

Einwandfrei gezähnte Marke

Marke mit Zahnfehlern,
nicht empfehlenswert

Marke mit geknickten Zähnen
(Strichlinie), nicht empfehlenswert

Marke mit einwandfreiem und gut
leserlichem Rundstempel

Entwürfe zum Sonderpostwertzeichen
# „Heiligtumsfahrt Aachen 1979"

1 Für die Ausführung vorgesehener Entwurf
  von Prof. Karl Hans Walter

2      Prof. Karl Hans Walter
3 u. 4 Prof. Paul König
5 u. 6 Fritz Henry Oerter
7 — 9 Otto Rohse

8.78

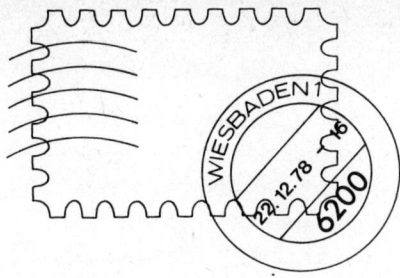

Marke mit Rund- und Wellenstempel, nicht empfehlenswert

Markenrückseite mit Prüferzeichen. Einwandfreie postfrische Briefmarken erhalten den Prüfstempel unten links (1); rutscht das Prüfzeichen am linken Markenrand zur Mitte (2), ist die Marke qualitativ schlecht (nachgummiert etc.)

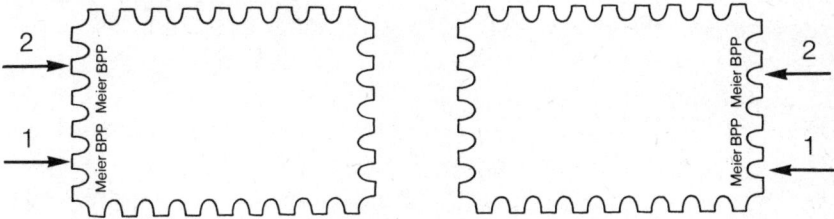

Markenrückseite mit Prüferzeichen. Einwandfreie gestempelte Briefmarken erhalten den Prüfstempel unten rechts (1); rutscht das Prüfzeichen am rechten Markenrand zur Mitte (2), ist die Marke qualitativ minderwertig und nicht empfehlenswert

Sammler, die sich hinreichend über Fälschungen informieren wollen, beachten die Anzeigenkampagne des Bundes Deutscher Philatelisten »Kennwort – falsch«, die in den einschlägigen Fachzeitschriften veröffentlicht wird. Die Serie wird auch von der Geschäftsstelle des »BDPh«, Mainzer Landstraße 221–223, 6000 Frankfurt am Main 1, gerne auf Anfrage zugeschickt.

# »Postfrisch« ist nicht gleich »ungebraucht«

Wenn ahnungslosen und unerfahrenen Briefmarkensammlern, ja selbst einigen »alten Hasen«, das Geld aus der Tasche gezogen werden soll, haben Geschäftemacher schnell den richtigen Dreh gefunden. Sie täuschen den Käufer, der in vielen Fällen davon überhaupt nichts bemerkt. Außerdem vertrauen die unseriösen Händler auf die Nachlässigkeit der meisten Sammler, die die Erläuterungen zu den Katalogen nicht zur Kenntnis nehmen und auch die genauen Erklärungen der in der Philatelie üblichen Zeichen nur unzureichend wiedergeben können.

Alle Briefmarkensammler sollten eigentlich mit den obligatorischen Definitionen vertraut sein, die von den international anerkannten Katalogen gewählten Zeichenerklärungen genau kennen. Nur diese Zeichen bestimmen beispielsweise den Beschaffenheitsgrad der Marke, sagen damit bereits etwas über die Qualität aus. Und es ist handelsüblich, daß die philatelistischen Zeichen auch in den Anzeigen der Fachpresse benutzt werden.

Wenn man Sammler fragt, sind die meisten ganz sicher, die jeweiligen Zeichen richtig erklären zu können. Doch die Wirklichkeit sieht leider, so muß man sagen, anders aus. Kaum einer macht sich tatsächlich die Mühe, die Zeichenerklärungen nachzuschlagen. Dabei lohnt sich diese Mühe vor dem Erwerb teurer Stücke besonders, und es dürfte dann jedem schnell deutlich werden, in welcher Weise die Erklärungen von unlauteren Geschäftemachern verändert werden.

Nachdem neue Albenformen entwickelt worden sind, die eine falzlose Aufbewahrung von Briefmarken ermöglichten, änderten sich auch bald die Qualitätsansprüche der Sammler. Die postfrische Marke mit Falz – bis dahin die übliche Methode – war zwar nicht von heute auf morgen weniger wert, aber die postfrische Marke ohne Falz, eben die, die im Falzlosalbum untergebracht werden konnte, wurde preislich bedeutend höher eingestuft. Die Sammler, die sich der postfrischen Ware verschrieben hatten, lehnten mit Falz versehene postfrische Marken ab. Dieser Trend ließ natürlich auch jene nicht ruhen, die mittels Briefmarken schnell viel verdienen wollten. Sie manipulierten von nun an mit dem

Begriff »ungebraucht«, täuschten damit »postfrische« Marken vor, lieferten aber nur »ungebrauchte« Marken, die *nachgummiert* oder *entfalzt* worden waren.

Der bekannte Philatelist Ullrich Häger schreibt zu »ungebraucht« in seinem »Großen Lexikon der Philatelie«, Band II, auf Seite 250:

»Ungebraucht, Begriff aus der Sammlersprache für eine Marke oder Ganzsache, die der postalischen Verwendung nicht zugeführt worden ist. Ungebraucht besagt im allgemeinen, daß die Marke auch mit Klebefalz oder Falzrest versehen sein kann, was heute nur noch bei älteren Ausgaben akzeptiert wird, sonst muß mit einer Wertminderung gerechnet werden . . .«

Das bedeutet im Klartext, daß die von einigen Händlern angebotenen Marken keinesfalls »postfrisch« waren, sondern nur eben »ungebraucht«.

Vergleichen wir einmal zur Verdeutlichung die Definitionen eines in der Bundesrepublik und auch im westlichen Ausland maßgebenden Katalogs mit den Beschreibungen mancher Händler:

*Katalog*

xx = ungebraucht mit Originalgummi (postfrisch)

x  = ungebraucht mit Originalgummi (Falz)

(x) = ungebraucht ohne oder mit Teilgummi

⊠ = Marke auf Bedarfsbrief, Postkarte, Paketkarte oder Drucksache, bei Flugpostmarken auf Flugpostbrief oder -karte

*Händler*

xx = ungebraucht ohne Falz

x  = ungebraucht mit Falz

⊠ = auf Brief

Augenscheinlich wurden die Definitionen von den Händlern verändert. Es muß dabei gefragt werden, warum? Nun, die Antwort ist einfach: Die Händler liefern keine postfrische Ware, wollen dies aber vortäuschen.

Bei Großveranstaltungen der Philatelie gehört es zur Tagesordnung, daß Sammler ihre Marken zur Prüfung vorlegen. Und, so bedauerlich es auch ist, viele Freunde der Philatelie müssen dann erkennen, daß ihre Marken keineswegs »postfrisch« sind.

Klar erkannt werden muß auch, daß der Erwerb dieser »ungebrauchten« Marken wirklich verlockend ist. Die Händler verlangen zumeist weniger als die Händler, die nur einwandfreie »postfrische« Marken liefern. Und da ja jeder glaubt, er könnte mit seiner Schlauheit das beste Geschäft machen, werden die billigeren Angebote wahrgenommen. Nur, in den meisten Fällen erweist sich das »Schnäppchen«, der »günstige Einkauf«, als Verlust.

Jeder sollte sich immer vor Augen halten: keiner hat etwas zu verschenken! Gute Ware ist nicht billig, und ein »billiger Jakob« liefert eben keine Qualitätsprodukte.

Deshalb die eindringliche Warnung: Augen auf beim Markenkauf. Billiges ist oft viel teurer als Sie glauben.

Europäische Spitzenwerte I ►

Michel Nr. 280. Luxemburg (1935). Wohltätigkeitsausgabe zugunsten des Internationalen Hilfswerkes für emigrierte Geistesarbeiter, unter Fachleuten als »Intellektuellensatz« bezeichnet. Nur knapp 10 000 komplette Sätze möglich. Vorsicht vor Stempelfälschungen. Bundesprüfer vor Kauf einschalten (Abb. 1)!

Michel Nr. 11. Großbritannien Telegrafenmarke (1877 – Abb. 2).

Michel Nr. 580/81. Niederlande (1951). Flugpost Ausgabe. Auflage 69 400 Sätze (Abb. 3).

Michel Nr. 321. Frankreich (1936). Flugpost Ausgabe. Auch mit verkehrtem Netzunterdruck bekannt (Abb. 4).

Michel Nr. 50 und Nr. 186. Vatikan (1935/1951). Ausgaben zum »Internationalen Juristenkongreß« und zur »800-Jahr-Feier des Decretum Gratiani« (Abb. 5).

Michel Nr. 341. Belgien (1932). Wohltätigkeits-Sonderausgabe zugunsten der Errichtung eines Denkmals für Kardinal Mercier. Auflage 25 309 Stück (Abb. 6).

Abb. 1

Abb. 2

Abb. 3

Abb. 4

Abb. 5

Abb. 6

# Wer macht eigentlich die Preise?

Wie in jedem Freizeitbereich, so haben auch die Briefmarkensammler ihre »Freizeit-Bibel« ständig zur Hand: den Katalog. Für viele ist Sammeln nur noch eine Anhäufung von Werten. Die Freude am Gesammelten steigt und fällt mit den Katalognotierungen. Ein Trend, der von den echten Philatelisten nicht geteilt wird, um es einmal vorsichtig auszudrücken.

Viele Sammler warten schon wochenlang vor Erscheinen der neuen Kataloge mit Ungeduld auf die Notierungen ihres vergrößerten Reichtums. Doch sie übersehen dabei zumeist, daß der Katalog nur Richtwerte notieren kann, daß es noch andere entscheidende Faktoren zu bedenken gilt, die den Preis bestimmen. Wer sich nur an den Preisen der Kataloge orientiert, kann ein böses Erwachen erleben, denn auch die Redakteure der Verlage können irren, und zum anderen kann der Preis zwischen Drucklegung des Katalogs und Erscheinen, was zumeist mehrere Wochen dauert, schon völlig andere Formen angenommen haben.

Einige Sammler — und man darf diese Zahl nicht als gering ansehen — sind dem Katalog nahezu hörig. Sie wollen stets zu Preisen kaufen, die längst überholt sind, lehnen ein preislich höheres Angebot eines Händlers trotz intensiver Aufklärung ab, um dann schließlich für den anscheinend günstigen Preis bei irgendeinem »Ganoven« nur minderwertige Ware zu erhalten.

Der Umgang mit einem Katalog will gelernt sein. Denn er ist nur ein Faktor des Briefmarkensammelns, was eigentlich schon aus dem Begriff »Zubehör« hervorgehen sollte.

Wie entstehen nun die Preise eines Katalogs? Werden da willkürlich Preisansätze vorgenommen? Werden Gebiete »gemacht«? Nur wenige Fragen, die nur ganz wenige beantworten können, weil für sie die Hintergründe und nicht nur das Ergebnis, sprich Preis, wichtig sind. Die Redakteure der Verlage, die für die Briefmarkenkataloge zuständig sind, verfügen über jahrelange Erfahrung. Sie sind in der Lage, den Markt zu analysieren, denn auch im Briefmarkenhandel regulieren Angebot und Nachfrage den Preis. Eine Ausgabe, die nur in einer Auflage von 50 000 erschienen ist, muß noch lange nicht teuer sein. Entscheidend ist die Zahl der Sammler, die sich diesem Sammelgebiet zugewendet haben. Trotz dieses Einblicks in den Markttrend verlassen sich die Redakteure nicht allein auf ihr Wissen und ihre Einschätzung. Sie ziehen Experten zurate, lassen sich Listen namhafter Großhändler kommen, stimmen diese Angaben ab und ermitteln einen Mittelwert. Bei äußerst seltenen Marken wagt indes keiner eine Preisangabe, denn wer will schon wissen, wieviel Interessenten in aller Welt gerade diese Raritäten suchen? Trotz der mannigfaltigen Informationen kommt es immer wieder vor, daß die Verantwortlichen für die Kataloge irren. Es entstehen dann Preisnotierungen, die wesentlich überhöht sind. Dann spricht man von »Katalogschlagern«. Das bedeutet im Klartext, daß ein Satz oder eine Marke vom Händler nicht mehr mit 30–60 % angekauft wird – des Katalogpreises versteht sich –, sondern nur mit 10 %! Wer da nun also glaubt, er hätte ein Stück besonders günstig eingekauft, weil der Preis weit unter Katalog liegt, täuscht sich gewaltig. Die Händler haben nichts zu verschenken.

Jetzt werden Sie natürlich sofort fragen: Wie erkenne ich diese Katalogschlager? Dazu zwei Ratschläge:

1. Fragen Sie Ihren Händler, der ja der Fachmann Ihres Vertrauens ist und Sie weiterhin als Kunde behalten will.
2. Lesen Sie sorgfältig die Fachpresse. In ihr weisen Fachleute auf Fehler der Katalognotierungen hin.

Für den Anfänger ist die Auswahl der verschiedenen Kataloge nahezu erdrückend. Welcher Katalog ist richtig? Muß es gleich einer zu 40 Mark sein oder genügt auch eine Ausgabe für wenige Mark? Diese Fragen sind nicht global zu beantworten. Soviel kann aber gesagt werden: Der Anfänger kommt mit einer preiswerten Taschenausgabe aus, der Fortgeschrittene wird dank seines Wissens den für sein Gebiet richtigen Katalog in Erfahrung bringen können.

Trotz dieser nicht eindeutigen Hinweise sollen an dieser Stelle einige Kataloge genannt werden:

Der Schwaneberger-Verlag in München veröffentlicht den »Michel-Katalog«. Jährlich erscheinen die Notierungen für die Marken Europas. Die

Kataloge der Ausgaben anderer Kontinente folgen in unregelmäßigen Abständen. Dazu werden Spezial-Kataloge einiger Gebiete, z. B. Deutschland (gesamt) oder Österreich aufgelegt. Als Taschenkatalog ist der Michel-junior empfehlenswert, der die beliebtesten deutschen Sammelgebiete enthält. Neuerdings werden auch europäische »Teil-Kataloge« angeboten, wie z. B. »Skandinavien«, »Be-Ne-Lux« etc. Michel-Kataloge haben einen guten Ruf und sind für viele Sammler die beste Bewertungsgrundlage!

Großer Beliebtheit erfreuen sich auch die »Philex-Kataloge«, die alle im Taschenformat erscheinen. Neben einem Deutschland-Katalog kommen jährlich Länderkataloge Europas heraus. Diese Kataloge sind wegen ihres Taschenformats sehr handlich und besonders gut zu Tauschveranstaltungen mitzunehmen. Die Preise liegen auf der gleichen Stufe wie beim Michel. Ein im Jahre 1985 erschienener Europa-Katalog West zeigt alle Abbildungen in Farbe – eine beachtenswerte Leistung!

Ausgefallene Sammelgebiete katalogisiert der Borek-Verlag in Braunschweig. Hier finden die Sammler Preisangaben zu Gebieten, die nicht so häufig gesammelt werden.

Wer sich den Marken der Schweiz oder den Ausgaben von Liechtenstein verschrieben hat, findet die sorgfältigste Bearbeitung im »Zumstein-Katalog«, der zwar in der Schweiz erscheint, aber bei jedem Fachhändler in anderen Ländern zu erhalten ist.

Ähnlich verhält es sich mit dem »Yvert-Katalog«, der, in Frankreich herausgegeben, die Marken Frankreichs besonders intensiv betrachtet.

Für Sammler, die sich schon länger mit Briefmarken befassen, sind auch der »Scott« und der »Gibbons« zu empfehlen.

Motiv-Sammler finden ebenfalls ein reichhaltiges Angebot. Der Briefmarkenhändler wird Sie gern informieren.

# Auktionskauf

Sammler, die schon längere Zeit ihre Freizeit mit Briefmarken verbringen, kaufen häufig auf Auktionen. Einige Auktionshäuser haben sich über Jahre hinweg einen guten Namen gemacht. Man weiß, daß man dort in den meisten Fällen gut bedient und die Ware in den Auktionskatalogen nach bestem Wissen und Gewissen beschrieben wird.

Doch immer wieder kommt es vor, daß die Verantwortlichen für die Beschreibungen der angebotenen Ware Wortschöpfungen benutzen, die zwar wohlklingend sind, aber zumeist etwas verschleiern, verbergen oder verschönen sollen.

Verfolgen wir dies an wenigen Beispielen:

1. *1 Sammlernachlaß,* 1 gr. stabiler Pappkarton mit dem unberührten Nachlaß eines Pfeifenbäckers aus der Lüneburger Heide. Der Inhalt besticht durch qualitativ gutes Material aus vielen Ländern Europas. Dabei auch ein nicht uninteressanter Teil USA. Auch eine kleine Motivsammlung Aktgemälde (hauptsächlich Rubens) ist dabei. Ein wirklich leckeres Objekt.

2. *Sammlernachlaß,* im großen Koffer, enthalten Briefmarken und (im Hauptwert) Münzen, darunter 2 prallvolle Kistchen, die man mit einer Hand kaum hochkriegt. Eine flüchtige Beschau zeigte viel Silber . . . Eine enorme Materialfülle, die man besichtigen sollte! Fundgrube!

3. *Deutsches Reich,* Nr. 27 b, O, Prachtst., 1 stumpfer Zahn

Diese Beschreibungen sollen zur Verdeutlichung genügen. Was haben der stabile Pappkarton und der Pfeifenbäcker mit den angebotenen Briefmarken zu tun? Warum ist das Objekt denn lecker? Und dann noch »unberührt«! Soll dabei nicht der Eindruck erweckt werden, daß die wertvollen Stücke noch nicht entdeckt wurden, daß man hervorragende Funde in dieser Sammlung machen kann? Wie alle Auktionslose nahm man auch diesen Nachlaß unter Augenschein – woher sollte man sonst auch wissen, daß der »Inhalt durch qualitativ gutes Material aus vielen Ländern Europas« besticht? Man darf kaum unterstellen, daß der angesetzte Ausrufpreis nicht günstig ist, aber eine gewisse Vortäuschung von »Rosinen« dürfte wohl kaum zu leugnen sein.

Ebenso verhält es sich mit der Beschreibung des zweiten Auktionsloses. ». . . 2 prallvolle Kistchen, die man mit einer Hand kaum hochkriegt« und dann auch noch »im großen Koffer«. Was sagt dies eigentlich über den Inhalt aus? Doch wohl nur etwas über Gewicht und Verpackung – und das wird kaum einen Sammler sonderlich interessieren. Von der Qualität der Ware ist kaum die Rede. Die Kistchen können ja auch mit minderwertiger Ware gefüllt sein, die als Eigenschaft nur ihr Gewicht aufweist, und »viel Silber« verspricht noch lange nicht, daß man beim Kauf besondere Werte erwirbt.

Die totale Konfusion, um es überspitzt auszudrücken, offenbart die Offerte Nr. 3. Es ist also ein Prachtstück, die Nr. 27 b des Deutschen Reiches. Ehrlich gesagt, man stellt sich wohl gemeinhin unter Prachtstükken etwas anderes vor, denn schließlich fehlt doch ein Zahn! Oder sollte der »stumpfe« Zahn anders zu verstehen sein?

Allein diese Beschreibung des ausgewählten Loses Nr. 3 weist auf Praktiken einiger Auktionatoren hin, die nicht unwidersprochen hingenom-

---

Europäische Spitzenwerte II ▶

Michel Nr. 456, 458 und 459, Schweiz (1945). Sonder-Ausgabe zum Waffenstillstand in Europa, sog. »Pax-Satz«. Nur ca. 140 000 vollständige Sätze möglich (Abb. 1).

Michel Nr. 142, Liechtenstein (1935). Auflage 15 000. Freimarken-Ergänzungswert (Abb. 2).

Michel Nr. 587, Griechenland (1951). Sonder-Ausgabe zum Wiederaufbau der Industrie und Landwirtschaft mit Hilfe des Marshall-Planes. Europa-Vorläufer. In postfrischer Erhaltung gute Anlage (Abb. 3).

Michel Nr. 982, Spanien (1950). Flugpost-Sonder-Ausgabe »100 Jahre spanische Briefmarken«. Auflage 41 000 Exemplare (Abb. 4).

Michel Nr. 1019/20, Spanien (1953). Flugpost-Sonder-Ausgabe zu Ehren von Legazpi und Sorolla und zum Postabkommen zwischen Spanien und den Philippinen. Postfrisch gesucht (Abb. 5)!

Abb. 1

Abb. 2

Abb. 3

Abb. 4        Abb. 5

men werden dürfen. Es handelt sich dabei um Qualitätsbezeichnungen, um die Einstufung der angebotenen Ware. Diese Qualitätsbeschreibungen unterliegen nämlich keinem einheitlichen Maßstab. Jeder Versteigerer kann sie so festsetzen, wie er es für richtig hält. Daß dabei nicht immer voll der Wahrheit Genüge geleistet wird, versteht sich von selbst. Auf diese eigene Qualitätseinstufung weisen die Auktionatoren immer hin. Nur scheinen dies nicht alle Käufer zu lesen. Wie heißt es doch in den meisten Auktionskatalogen: »Unsere Qualitätsbeschreibung – fein, feinst, Pracht-, Kabinett- oder Luxusstück – sind unsere persönlichen Einstufungen und können keinesfalls reklamiert werden.«

Wer da also glaubt, er würde bei dem Erwerb eines Prachtstückes eine ausgezeichnete Marke erhalten, kann sich getäuscht sehen. Es existieren ja schließlich noch Kabinettstücke oder gar Luxusexemplare!

Zur weiteren Verdeutlichung sei ein Beispiel aus einem anderen Bereich des täglichen Lebens gewählt:

Ein Möbelhändler offeriert einen Prachtsessel. Man macht sich auf den Weg, läßt sich das so angepriesene Stück zeigen und stellt zur Überraschung fest, daß dieser Prachtsessel nur zwei Beine hat. Würde man das Kabinettstück wählen, wären schon drei Beine vorhanden, und der Luxussessel wäre tatsächlich zu benutzen.

Die selbstvorgenommene Qualitätsfestsetzung hat schon erheblichen Ärger verursacht. Entscheidend ist dabei, daß nicht alle Bieter die Ware vorher gesehen haben und nur brieflich, fußend auf der Losbeschreibung, ihr Gebot abgeben.

Der Sammler kann sich kaum auf die Beschreibung verlassen. Strenggenommen könnte sie auch wegfallen, zumindest bei einigen Stücken. Denn ein Käufer, der bei der Auktionsfirma X ein Kabinettstück erworben hat, muß damit rechnen, daß eine ähnliche Qualität bei einem anderen Auktionator nur als Prachtstück eingestuft wird. Der Anbieter macht verständlicherweise aus seiner Ware immer das beste.

Deshalb sollte sich jeder, der auf Auktionen günstig kaufen will – und das kann man zuweilen tatsächlich – über die möglichen Folgen seines Kaufes klar sein. Am besten sollte man eine Ansichtssendung anfordern und die interessierenden Stücke betrachten, um sie gegebenenfalls kurzfristig einem Experten vorzulegen. Allerdings ist zu beachten, daß Sammlungen und Lots (Zusammenstellungen) grundsätzlich nicht zur Ansicht verschickt werden. Da kauft man, wenn man nur schriftlich bietet, die Katze im Sack.

Deshalb sind aber Sammlungen oft sehr günstig ausgerufen, weil die in ihr vertretenen Marken in recht unterschiedlicher Qualität vorhanden sind. Besser ist es auf jeden Fall, eine Auktion zu besuchen. Wer sich in Qualitätsfragen zu unsicher fühlt, sollte einen Experten mitnehmen, der schnell eine Einstufung vornehmen kann.

Noch eine Bemerkung zu Sammlungen: In Auktionskatalogen heißt es oftmals »teils Falz, teils postfrisch«. Beachten sollte man dabei, daß es die teuren Stücke sein können, die den Falz vorweisen.

Beim Auktionskauf muß vielerlei beachtet werden. Die Auktionatoren haben unterschiedliche Versteigerungsbedingungen. Jeder muß sich darüber klar sein, daß eine Marke, die für DM 100,– ersteigert bzw. zugeschlagen wurde, nicht mit diesem Betrag bezahlt ist! Zum Zuschlagspreis werden noch die Gebühren – Aufgeld (von Auktion zu Auktion verschieden!), Losgebühr, Versicherungsgebühr in einzelnen Fällen, und, wenn man nicht persönlich an der Auktion teilnimmt, auch noch Porto- und Verpackungskosten zugerechnet! Deshalb auch bei Auktionen: Augen auf beim Kauf und alles genau bedenken!

Auktionsbedingungen sollten immer aufmerksam durchgelesen werden. So bleibt man von Enttäuschungen verschont. Das gilt insbesondere auch dann, wenn man selbst Marken über Auktionen verkaufen will. Viele Auktionshäuser arbeiten ohne festen Ausrufpreis und setzen nur Schätzpreise fest, die auch unterschritten werden können. Bedenken sollte man, daß der Auktionator vom Erlös immer seine Provision abzieht, die sich wie beim Kauf zwischen 10 und 20% bewegt. Wird eine Marke bei DM 1000,– zugeschlagen und der Auktionator verlangt 15% Provision, so erhält man im günstigsten Fall nur DM 850,– ausbezahlt, im günstigsten Fall deshalb, weil noch Kosten für Abbildungen ihrer Einlieferung im Auktionskatalog dazukommen können.

Hier soll natürlich nicht der Eindruck erweckt werden, daß die Auktionatoren mit unlauteren Methoden arbeiten. Diese Anmerkungen sind aber für jene ganz besonders notwendig, die bisher mit Auktionen und den dort geltenden Bestimmungen noch nicht in Berührung gekommen sind. Was für einen Insider selbstverständlich und auch einsichtig erscheint, ist für andere Neuland, das ohne hinreichende Information nicht betreten werden sollte.

Auktionshäuser, die schon jahrzehntelang einen exklusiven Kundenkreis betreuen, führen ihre Versteigerungen zumeist nur zweimal im Jahr durch. Dort wird dann erlesenes Spitzenmaterial angeboten, zumeist für solche Bieter, die nicht lange nachdenken müssen, ob sie noch einige hundert Mark ausgeben können, sondern aus Liebhaberei nahezu jeden Preis bewilligen. Aber auch bei diesen Spitzenauktionen werden Posten angeboten, die preislich für den Normalsammler erschwinglich sind.

In den letzten Jahren sind viele Auktionatoren hinzugekommen. Auch solche, die nicht öffentlich versteigern, sondern im Rahmen einer sogenannten Fernauktion gegen das Höchstgebot verkaufen, das schriftlich eingegangen ist. Ob das immer der richtige Weg ist, soll an dieser Stelle nicht untersucht werden.

Auktionator kann man in der Bundesrepublik für wenige Mark werden. Man muß noch nicht einmal nachweisen, ob man überhaupt dazu befähigt ist oder ob man über das unabdingbare Fachwissen verfügt. Vor Jahren war dies noch anders. Mit der heute gültigen Regelung sind die seriösen Auktionatoren natürlich in keiner Weise einverstanden. Sie fürchten um ihren Ruf, der leicht durch ungeeignete Versteigerer in Mißkredit gebracht werden kann. Weil es zuweilen um erhebliche Beträge geht, wäre eine gesetzliche Voraussetzung für den Beruf des Auktionators wünschenswert. Wenn schon keine Lehrzeit, dann zumindest der Nachweis der Qualifikation.

Der Ostropa-Block des Deutschen Reiches in Luxuserhaltung.

Einschreibbrief mit dem Berliner Goethe-Satz.

# Praktiken des Verkaufs

In allen größeren Städten befinden sich Briefmarkenfachgeschäfte. Aber in kleineren Gemeinden und Ortschaften sind keine Läden dieser Branche anzutreffen, weil sich dort kein Handel lohnt. Selbstverständlich gibt es aber auch in den ländlichen Gebieten Sammler. Sie zu bedienen, ist die Aufgabe der Versandgeschäfte, deren Zahl gerade in den letzten Jahren erheblich zugenommen hat. Mit Briefmarken läßt sich relativ schnell Geld verdienen, so glauben zumindest viele, wobei sie übersehen, daß mangelndes Fachwissen schon häufig zu existenzbedrohenden Notständen geführt hat.

Auch die Sammler in den Kleinstädten werden bei ihrem Hobby von unterschiedlichen Gesichtspunkten geleitet. Während es die einen lediglich als schönes Hobby betrachten, wollen andere einen Rückhalt fürs Alter schaffen, per Briefmarke versteht sich. Wieder andere suchen Möglichkeiten, ihr »Schwarzgeld« unterzubringen. Sie betreiben eine Art Steuerflucht per Briefmarke.

Um diese Interessengruppen kümmern sich die Versandgeschäfte. Der größte Teil zählt zu den seriösen Unternehmen, aber immer wieder nutzen geschickte Betrüger den Weg des Versandhandels aus, um problemlos das eigene Vermögen zu vermehren.

Diese zwielichtigen Gestalten wissen natürlich allzu genau, daß viele Käufer immer darauf bedacht sind, besonders günstig einzukaufen, was auch ihr gutes Recht ist. Die Geschäftemacher wissen ebenfalls, daß viele Sammler sich als besonders schlau einstufen, daß sie die »Weisheit in Sachen Briefmarke mit dem Löffel gegessen« haben, auch wenn sie überhaupt nichts davon verstehen. Zudem kennen auch die unseriösen Händler den Trend, qualitativ hochwertige Ware zu kaufen. Und außerdem kennen die Schwindler den Hang vieler Sammler zu den Katalognotierungen. Immer wieder machen sich Betrüger dies alles zunutze. Sie bieten an, locken mit phantastisch klingenden Angeboten selbst den Vorsichtigen zum Kauf.

Obwohl schon im Kapitel über die Fachpresse auf betrügerische Machenschaften hingewiesen wird, wollen wir dies noch vertiefen.

Abb. 1

Abb. 2

Abb. 3

Abb. 4

Abb. 5

Abb. 6

Abb. 7

Abb. 8

Abb. 9

Abb. 9

Abb. 9

»Raritätenkabinett«

Michel Nr. 66 V, Deutsches Reich (1900). Reichspostmarke mit spitzen Fahnen, weiß und rot nachgemalt. Rarität (Abb. 1).

Michel Nr. 22 U, Deutsches Reich (1872). Eine absolute Rarität. Es wurden erst wenige Stücke bekannt (Abb. 2).

Michel Nr. D 14, Schleswig (1920). Postfrisch sehr gesucht (Abb. 3).

Michel Nr. 314 Uu, Bundesrepublik (1959). Kirchentag, unten ungezähnt. Nur etwa 10 Stücke vorhanden (Abb. 4).

Deutsche Luftpost am Rhein, ungezähnt. Absolute Seltenheit (Abb. 5).

Michel Nr. 67, Deutsches Reich (1901). Das »Vineta-Provisorium« auf Briefstück. Rarität (Abb. 6).

Michel Nr. 197 U, Bundesrepublik (1954). Ehrlich/Behring ungezähnt. Sehr selten (Abb. 7).

Michel Nr. 71 PU, Berlin (1950). Marke in lilabraun, ungezähnt. Nur wenige Stücke bekannt (Abb. 8).

Michel Nr. 47–49, Danzig (1920). Großer Innendienst. Liebhaberpreise (Abb. 9).

In der Fachpresse erschien eine Anzeige, die Spitzenwerte Europas zu kaum glaublichen Preisen anpries. Ware, die zu diesen Preisen wirklich nirgendwo zu bekommen war. Sammler, die sich eine Sammlung aufbauten oder nur noch wenige Spitzenwerte zur Ergänzung suchten, sahen eine willkommene Gelegenheit, noch vorhandene Lücken zu schließen.
Die Anzeige hatte den gewünschten Erfolg: Hunderte bestellten und hofften auf die baldige Zusendung der Ware.
Tage verstrichen, und die erwartete Nachnahmesendung – denn so war es angekündigt – ließ auf sich warten. Auf die ebenfalls mögliche Vorkasse, die man selbstverständlich auch leisten konnte, wollten die meisten aus Vorsichtsgründen verzichten. Die Ware blieb aus. Also setzten sich viele hin, schrieben den Anbieter an und fragten höflich nach, wann denn der bestellte Satz oder die bestellte Marke eintreffen würden. Und, ob man es glaubt oder nicht, plötzlich rührten sich die »Geister«, der Händler antwortete:

»Sehr geehrter Herr Müller,
ich danke für Ihr Schreiben vom 1. 1. 78 und teile Ihnen mit, daß die von Ihnen bestellten Marken für Sie versandbereit vorliegen. Da ich aber eine unerwartet große Zahl von Bestellungen erhielt, die ich selbst bei meinem sensationellen Angebot nicht erwarten konnte, und ich demzufolge viele Sätze nachkaufen mußte, was, wie Sie sicher einsehen werden, einen großen Kapitaleinsatz erforderte, bitte ich den von Ihnen bestellten Satz per Vorkasse auf mein Konto . . . zu bezahlen.
Mit freundlichen Sammlergrüßen . . .«

Eigentlich hätten jetzt die meisten Besteller mißtrauisch werden müssen. Vor allen Dingen den »alten Hasen« des Briefmarkensammelns mußte jetzt eigentlich die Erleuchtung kommen. Jedoch, weit gefehlt. Das günstige Angebot blieb zu verlockend, um es auszuschlagen.
Hunderte leisteten Vorkasse, hofften auf die Auslieferung der bestellten Marken. Erst Wochen später, als das Geld gezahlt war, die Marken aber fehlten, wußten die Besteller, wie günstig das Angebot gewesen war. Der Händler hatte sich lediglich als Geldeinsammler betätigt. Marken hatte er nur wenige besessen, wie sich in der später folgenden Gerichtsverhandlung herausstellte.

Ein typischer Fall aus dem Alltag der »Zentrale für Fälschungsbekämpfung« in Köln, Geibelstraße 4, einer Einrichtung, die vom Bundesverband des Deutschen Briefmarkenhandels (APHV) und vom Bund Deutscher Philatelisten (BDPh) gemeinsam getragen wird. Dort liefen die Meldungen zusammen, meldeten sich die dupierten Sammler.

Es erhebt sich die Frage, wie Schwindeleien dieses Ausmaßes – es ging um mehrere hunderttausend Mark – überhaupt möglich sind. Die Antwort ist wirklich einfach: Weil in unserer Welt immer noch viele vom großen Glück träumen.

Ein anderes Beispiel. Von jedem Gebiet existieren Ausgaben, die wegen ihres Preises für den Normalsammler unerschwinglich geworden sind. Dazu zählen zum Beispiel die gestempelten Blöcke der französischen Zone (Baden, Württemberg, Rheinland-Pfalz) aus den Jahren 1947 bis 1949, der Währungsgeschädigtenblock, herausgegeben am 17. Dezember 1949 in Berlin. Ein Fälscher machte sich diese Wunschträume zunutze und kopierte diese Ausgaben. Der Preis, den er verlangte, war günstig, und schon wieder florierte das Geschäft. Selbst erfahrene Philatelisten kauften diese Blöcke, wobei betont werden muß, daß diese Fälschungen ausgezeichnet gelungen waren und nur mit einem echten Vergleichsstück zu erkennen gewesen wären. Papierunterschiede wurden von den Käufern nicht wahrgenommen.

»Lokal-Ausgaben«  ▶

Nach 1945 wurden in vielen Städten »Lokalausgaben« benutzt. Durch die oftmals sehr geringen Auflagen werden diese Marken heute besonders beachtet.

Lütjenburg (Ost-Holstein). Michel Nr. 1. Gebührenzettel für Päckchen (Abb. 1).

Glauchau (Sachsen). Michel Nr. 5 und 7 auf Briefstück (Abb. 2).

Lohne (Oldenburg). Michel Nr. 3. Amtlicher Gebührenzettel für den inneren Dienst des Postamtes Lohne zur Freimachung von Päckchen (Abb. 3).

Spremberg (Nieder-Lausitz). Michel Nr. 10 mit Michel Nr. 10 VI. Fehlende Wertziffer (Abb. 4).

Eilenburg (Provinz Sachsen). Spendenmarken ohne Frankaturkraft, da postalische Verwendung verboten (Abb. 5).

Storkow (Mark). Michel Nr. 12 B. Freimarken-Ausgabe (Abb. 6).

Finsterwalde. Michel Nr. 16. Marke aus Block für den Wiederaufbau (Abb. 7).

66

Abb. 1

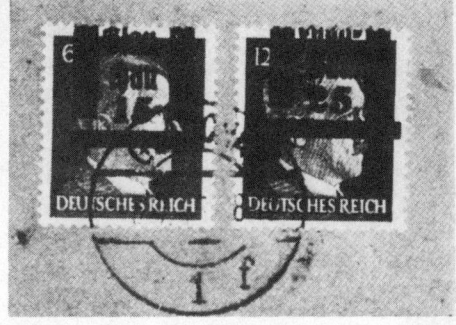

Abb. 3

Abb. 2

Abb. 4

Abb. 5

Abb. 6

Abb. 7

67

# Versichern – ist das nötig?

Wer eine wertvolle Sammlung aufbaut oder bereits aufgebaut hat, steht eines Tages vor der Frage: Wie und wo kann ich meine Marken versichern. Dieses Problem ist keinesfalls so einfach zu lösen, wie man allgemein annehmen sollte, denn die meisten Versicherungsgesellschaften sind mit der Materie Briefmarke wenig vertraut und verfügen demzufolge auch nicht immer über eine empfehlenswerte Versicherungsform. Mittlerweile hat sich ein Hamburger Assekuranz-Makler dieses Problems angenommen, der selbst jahrelange Erfahrung im Umgang mit der Philatelie vorweisen kann und deshalb um die Komplexität einer Versicherung für Briefmarken weiß. Das Angebot ist zumindest in die Überlegungen miteinzubeziehen, wenn die Versicherung, bei der man sonst gegen alles abgesichert ist, bei Briefmarken die Nase rümpft.

Da die Prämie bei normaler Deckung – die Versicherungsbestimmungen an dieser Stelle aufzuführen, würde zu weit gehen – nur 4 ‰ beträgt, sollte sich jeder überlegen, ob er eine Versicherung seiner »Schätze« für sinnvoll hält.

In den letzten Jahren sind in erhöhtem Umfang Sammlungen entwendet worden, und es ist ein beinahe aussichtsloses Unterfangen, nachzuweisen, was in der Sammlung enthalten war. Nur ganz ausgefallene Stücke lassen sich identifizieren. Deshalb ist es für den Dieb ein leichtes Spiel, die Marken zu veräußern. Wer kostbare Stücke besitzt, sollte sich nicht vor der Versicherungsfrage drücken. Nur wird das in Verbindung mit Briefmarken immer vergessen!

# Die private Buchführung

Mühen, die eigentlich mit dem Sammeln nur in zweiter Linie zu tun haben, werden zumeist nicht gern in Angriff genommen. Doch gerade diese Arbeiten sind von besonderer Bedeutung, weil sie für den Sammler eine gewisse Sicherheit bieten können.

Dazu zählt an erster Stelle die Erstellung einer privaten Briefmarken-Buchführung, wenn man das einmal so nennen darf. Jede Marke, die man besitzt, sollte eigentlich in der Buchhaltung vermerkt sein. Es genügt allerdings auch, nur die Exemplare aufzulisten, die unmittelbar zum Sammelgebiet zählen. Man kann auf die Erfassung von Doubletten verzichten, weil sie außerhalb der Sammlung nur wenig kosten, es sei denn, es handelt sich um besonders kostbare Stücke.

Diese Buchführung kann beim Diebstahl einer Sammlung von großer Wichtigkeit sein. Allerdings sind dabei einige Grundregeln zu beachten: Keine Versicherung wird eine »Briefmarken-Buchführung« anerkennen, die ohne Beweise vorgelegt wird. Wenden Sie sich deshalb an einen Fachmann und legen Sie dort Ihre Sammlung und Ihre Buchführung vor. Die Industrie- und Handelskammern werden Ihnen gerne vereidigte Sachverständige nennen, die Ihnen für eine Gebühr zur Verfügung stehen. Auch Sammlervereine verfügen über anerkannte Fachleute, die zur Bestätigung Ihrer Sammlung herangezogen werden können. Beschreiben Sie in Ihrer Buchführung die teuersten Marken genau. Notieren Sie sich Besonderheiten, z. B. Ort und Datum der Abstempelung, Farbe, Namen der Bundesprüfer, die auf der Rückseite der Marken ihren Prüfstempel angebracht haben.

Um so genauer Sie vorgehen, desto einfacher ist es später, den Beweis anzutreten, daß eine Marke nur aus Ihrer Sammlung stammen kann.

Natürlich bietet auch diese Buchführung keine vollständige Gewähr, Ihre Marken wiederzubekommen. Aber die Beschreibungen werden in Fachzeitschriften veröffentlicht, und die Abonnenten dieser Publikationen haben sich schon in vielen Fällen an Beschreibungen erinnert und einen Dieb erkannt, der die gestohlene Ware gewinnbringend an den Mann bringen wollte.

# Marken selber beschaffen

Fast alle Postverwaltungen der Welt geben den Sammlern Gelegenheit, die Neuerscheinungen von dort zu beziehen. Das kostet bei einigen noch nicht einmal Gebühren. Doch viele Postverwaltungen lassen sich diese Dienstleistung zumindest mit den Portokosten der Markenzusendung an den Besteller bezahlen, eine Ausgabe, die für einen Sammler, der nur einzelne Exemplare bestellt, nicht lohnt. Es gibt jedoch immer noch Sammler, die davon überzeugt sind – auch beim Bezug kleiner Mengen –, daß sie weniger bezahlen müssen als beim Händler. Das ist aber vielfach nicht der Fall, wenn einmal genau nachgerechnet wird. Zudem darf man ja auch den Kundendienst des Berufsphilatelisten nicht unterschätzen, der bei Fragen, die eine Sammlung betreffen, bestimmt weiterhelfen wird. Und schließlich bietet der kulante Händler seinen Stammkunden stets besondere Angebote, in deren Genuß ein Gelegenheitskäufer wohl selten gelangt.

Das soll nun nicht gegen die Bestellung oder den Dauerauftrag bei den einzelnen Postverwaltungen sprechen. Nur sollte immer die Überlegung dabei sein, was für den Sammler der bessere Weg ist. Wer größere Mengen einer Ausgabe bei den Postverwaltungen bestellt, fährt meistens besser. Vielleicht kann man sich mit anderen Sammlern zusammentun und eine Gemeinschaftsbestellung aufgeben.

Schwierig wird das Ganze aber schon in dem Moment, wo Gebiete gesammelt werden, die diesen Service nicht vorweisen können. Hier muß der Händler wieder helfen, was wiederum bedeutet, daß der Sammler zweierlei Mühen auf sich nehmen muß: Einmal bei den Postverwaltungen ständig sein Konto überprüfen, denn die meisten liefern aus Kostengründen nur per Vorkasse, und zum anderen den Weg zum Händler nehmen, um die Marken der Gebiete abzuholen, die die Neuheiten nicht im Abonnement liefern.

Für jene, die sich genau ausgerechnet haben, daß sie bei einem Abonnement der Postverwaltungen besser zurecht kommen, seien an dieser Stelle die Anschriften der wichtigsten Gebiete veröffentlicht:

70

*Aland*
Posti-ja telehallitus, Postinerkkeilyjaos PL 654, SF-00101 Helsinki 10

*Andorra, französisch*
Postes 6, T & T; Administration des Postes, Andorra la vielle

*Andorra, spanisch*
Postes Espagnole, D'Andorra

*Belgien*
REGIE DES POSTES, Abt. 1.3.0.2., Sammlerdienst,
B-1000 Brüssel

*Cypern*
Postmaster General, Philatelic Service GPO, Nicosia

*Dänemark*
Postens Filateli, DK-1550 Kopenhagen V, Radhuspladsen 59

*Bundesrepublik Deutschland*
Versandstelle für Postwertzeichen, 1000 Berlin 12, Postfach
Versandstelle für Postwertzeichen, 6000 Frankfurt 1, Postfach
Versandstelle für Postwertzeichen, 8480 Weiden, Postfach

*Europarat (Frankreich)*
Recette principale des postes de la Seine, 52 Rue de Louvre,
F-Paris 1

*Finnland,* siehe Aland

*Frankreich*
PTT Service Philatélique, 18, rue F.-Bonvin, F-75758 Paris Cedex 15

*Gibraltar*
Gibraltar Philatelic Bureau, P.o. Box 5662, Gibraltar

*Griechenland*
Direction Générale des PTT, service philatélique, Aeolonstr. 100,
131 Athen

*Grönland*
Grönlands Postvaesen, Postfach 100, DK-1004 Kopenhagen K

*Großbritannien*
Philatelic Bureau, 20 Brandon Street, GB-Edinburgh EH 3 5TT

*Guernsey/Alderney*
Guernsey Philatelic Bureau, Head Post Office,
Guernsey (Port)

*Internationale Ämter der Vereinten Nationen*
Schweizerische Post, Wertzeichenverkaufsstelle, CH-3000 Bern,
Parkterrasse 10

*Internationaler Gerichtshof*
Niederl. Post Philatel. Dienst, NL-Den Haag, Kortenarkade 12

*Irland*
An tSeirbhis Stampshanais, An Roinn Poist agus, Telegrafa, A. O. P., Baile
Athe Cliath 1

*Island*
Direction Générale des PTT, Frimerkjasalan, Postboks 8445,
128 Reykjavik

*Isle of Man*
Post Office Authority, Philatelic Bureau, Douglas, Isle of Man

*Italien*
Ufficio Poste C. P., Ufficio Principale Filatelico, Via Mario de'Fiori 103/A,
I-00187 Rom

*Jersey*
Jersey Philatelic Service, P. O. Box 304, St. Helier, Jersey,
Channel Islands

*Jugoslawien*
Biro Za Postanske Marke, Palmoticeva 2, Beograd

*Liechtenstein*
Fürstl. Liechtensteinische Verkaufsstelle für Postwertzeichen, FL-9490
Vaduz

*Luxemburg*
Direction des PTT, Office des timbres, L-2020 Luxemburg

*Malta*
Philatelic Bureau G. P. O., Auberge d'Italie, Valletta, Malta

*Monaco*
Office des Emissions des timbres-poste, M.C. 98030 Monaco-Cedex

*Niederlande*
Niederl. Post, Philatel. Dienst, Posthus 30051, NL-9700 RN, Groningen

*Norwegen*
PFT, Postboks 3770, Gamlebyen, N-0135 Oslo 1

*Österreich*
Österreichische Post, Briefmarkenversandstelle, A-1211 Wien

*Portugal*
Servicos de Filatelia, Av. Casal Ribeiro 28, 1096 Lisboa Cedex

*San Marino*
Azienda Autonoma di Stato, Filatelica e Numismatica C. P. 1 San Marino,
I-4731 Republica di San Marino

*Schweden*
Postens Frimärkavdelning, S-10502 Stockholm

*Schweiz*
Schweizerische Post, Wertzeichenverkaufsstelle, CH-3000 Bern,
Parkterrasse 10

*Spanien*
Direccion General de Correos, Servicio Filatelico, Internacional Madrid 14

*Türkei*
Direction Générale des PTT, Filateli Servisi, Ankara

*UNESCO*
Service Philatélique de l'unesco, Paris 7, Place de Fontenoy

*UNO Wien*
Postfach 900, A-1400 Wien

*UNO-Genf*
Postverwaltung der Vereinten Nationen, CH-1211 Genf 10, Palais der
Nationen

# Organisationen und Verbände

Wie in jedem Bereich des täglichen Lebens verfügen sowohl Sammler als auch Berufsphilatelisten, wie sich die Händler so schön immer nennen, über Organisationen und Verbände, die die Interessen der einzelnen Gruppen nach außen hin vertreten. In der Fachpresse begegnet man immer wieder bestimmten Kürzeln, die nicht von allen Sammlern richtig eingeordnet werden können. Was verbirgt sich hinter dem »BDPh«, dem »APHV« oder dem »ZPVW«? Das zu wissen, kann nur von Nutzen sein.

 ## 1. BDPh – Bund Deutscher Philatelisten

In dieser Organisation sind 80 000 Sammler in über 1000 Vereinen registriert. Dabei pflegt der BDPh das Hobby »Philatelie« durch rund 200 Ausstellungen jährlich, durch Tauschtage, denen eine eigens erstellte Tauschordnung zugrunde liegt. Hinzu kommen Vortragsveranstaltungen, Fortbildungsseminare für Vereinsmitarbeiter und interessierte Mitglieder sowie die Herausgabe und finanzielle Förderung von Fachliteratur. In Zusammenarbeit mit dem APHV (siehe nächsten Abschnitt) wirkt der BDPh in der »Zentrale für Fälschungsbekämpfung« auf dem Gebiet der Sammleraufklärung (unlautere Machenschaften bei Tausch und Handel) mit. In über 100 Arbeitsgemeinschaften, denen sich jedes Mitglied anschließen kann, werden philatelistische und postgeschichtliche Zusammenhänge erforscht. Mit der Zeitschrift »Philatelie«, die mit der interessanten Beilage »Philatelie und Postgeschichte« erscheint, informiert der Verband alle Mitglieder regelmäßig über alles Wissenswerte des Hobbys »Briefmarkensammeln«. In der Rubrik »Die Auskunft« sind Antworten auf Fragen zu erhalten, die von über 80 000 Lesern gelöst werden können.
Beachtenswert für jeden Sammler – es spielt dabei keine Rolle, ob man Anfänger oder Fortgeschrittener ist – ist das rege Vereinsleben in den 1000 Mitgliedsvereinen des BDPh. Dort wird zumeist ein Dienstleistungskatalog

angeboten, den eigentlich jeder Sammler in Anspruch nehmen sollte, will er sich intensiv mit seiner Freizeitbeschäftigung auseinandersetzen:

1. regelmäßiger Tausch
2. regelmäßige Versorgung mit Neuheiten durch Vermittlung des Vereins
3. geeignete Fachliteratur
4. Nutzung von Katalogen und anderen Hilfsmitteln
5. Beratung bei der Anlage von Sammlungen bis zur Ausstellungsreife
6. uneigennützige Nachlaßverwertung

Anschrift: BDPh-Geschäftsstelle, Mainzer Landstr. 221–223, 6000 Frankfurt am Main 1

## 2. APHV – Bundesverband des Deutschen Briefmarkenhandels

In diesem Verband sind weit über 1000 Berufsphilatelisten des In- und Auslandes organisiert. Er vertritt die Interessen der ihm angeschlossenen Händler.

Bereits wenige Monate nach dem Ende des 2. Weltkrieges lebte der Briefmarkenmarkt wieder auf. Die Nachfrage war schnell wieder hergestellt, und die ersten Händler meldeten offiziell ihr Gewerbe an. Bald konstituierten sich zwei Vereinigungen: Auf der einen Seite der Briefmarkenhändlerverband (B. H. V.) und auf der anderen die »Gemeinschaft der Briefmarkenhändler« (G. d. B.). Während im B. H. V. vorwiegend ältere Händler mit großer Erfahrung zu den Mitgliedern zählten – sie hatten bereits vor dem Kriege mit Marken gehandelt –, öffnete sich die G. d. B. für alle, die legal mit Marken handelten. Dort wurden auch Neulinge aufgenommen und integriert. Der B. H. V. war der Hauptgemeinschaft des deutschen Einzelhandels eingegliedert und stets darauf bedacht, nur renommierte Händler in seinen Reihen zu haben, während sich in der G. d. B., die ohne feste Bindung war, alle mit einem Gewerbeschein ausgestatteten Händler in die Mitgliedsverzeichnisse eintragen konnten.

Schon ein Jahr nach der Gründung zählte die G. d. B. nahezu 1000 Mitglieder, unter ihnen nicht wenige, die ebenfalls dem B. H. V. angehörten. Die Rivalität der Vereinigungen wuchs zusehends, so daß auch die Positionen gegenüber den Behörden zu erschüttern waren, die wiederum ihrerseits geschickt Regie führten und die eine Organisation gegen die andere ausspielten. Die Stärkung des Handels und die Wahrung gemeinsamer Interessen schien nur durch die Gründung eines Verbandes möglich werden zu können.

Aber erst im Jahre 1949 fand die Gründungsversammlung im Frankfurter Römer statt. Zuvor hatte es noch harte Auseinandersetzungen gegeben, da in beiden Verbänden einige Mitglieder erst von der Richtigkeit des angestrebten Zusammenschlusses überzeugt werden mußten. Nach einer turbulent verlaufenen Versammlung wurde schließlich die Gründung des »Allgemeinen Postwertzeichen-Händler-Verbandes« (APHV) beschlossen. Die Eintragung ins Vereinsregister erfolgte wenig später in Hamburg. Der Name war in Anlehnung an den vor dem 2. Weltkrieg existenten »Internationalen Postwertzeichen-Händler-Verband« (IPHV) gewählt worden. Die damalige Namensgebung änderte sich 1967 in »Bundesverband des Deutschen Briefmarkenhandels«.

Händler, die heute in ihren Anzeigen den Zusatz »APHV-Mitglied« verwenden oder in ihren Schaufensterauslagen mit einem 1978 neu geschaffenen Markenzeichen werben, verdienen das Vertrauen der Käufer. Man kann nahezu sicher sein, daß man dort vom Fachmann sorgfältig und ausreichend beraten wird und nahezu immer einwandfreie Ware erhält. Zudem hat der Verband die Möglichkeit, alle Händler seines Verbandes zu beobachten. Sollte einmal der Fall eintreten, daß ein Käufer mit der erworbenen Ware nicht einverstanden ist, so kann er bei berechtigten Reklamationen mit Hilfe des Verbandes erreichen, daß die Marken umgetauscht werden oder voller finanzieller Ersatz geleistet wird. Für den APHV ist es seit jeher oberstes Gebot, nur korrekte Geschäftsleute in den eigenen Reihen zu haben. Es ist ratsam, auf den Zusatz »APHV-Mitglied« zu achten. Man kann behaupten, daß dies ein Markenzeichen für zuverlässige Bedienung darstellt. Einzelne unlautere Methoden, die auch bei APHV-Händlern nicht auszuschließen sind, bestätigen im Grunde nur die Regel.

Anschrift: Bundesverband des Deutschen Briefmarkenhandels, Geibelstraße 4, 5000 Köln 41.

## 3. ZPVW – Zentraler Philatelistischer Vermittlungs- und Warndienst

Diese Einrichtung, eine Schutz- und Interessengemeinschaft, wurde im Jahre 1959 von Hans Wilschke gegründet. Sie dient seitdem dazu, unlautere Methoden im Briefmarkenhandel zu erfassen und karteimäßig zu katalogisieren. Jedes Mitglied – die Mitgliedsgebühr beträgt nur wenige Mark im Jahr – kann die Dienste des ZPVW in Anspruch nehmen. Das ist von besonderer Wichtigkeit bei Zahlungsverzügen, Vertauschungen von Briefmarken in Rundsendezirkeln, kurzum bei allen Betrügereien, die mit Postwertzeichen begangen werden.

Der ZPVW gibt in jedem Jahr ein Mitgliederverzeichnis heraus, in dem Händler und Sammler aufgeführt sind, die dieser Interessengemeinschaft angehören, durchweg korrekte Geschäfts- und Tauschpartner. Darüber hinaus bietet er seinen Mitgliedern folgende Leistungen:

1. Die Warnkartei
In ihr sind schwere Betrugsfälle vermerkt sowie Personen namhaft gemacht, gegen die in der Vergangenheit gerichtliche Schritte eingeleitet werden mußten. Sie erscheint durchweg wöchentlich. In jedem Jahr müssen fast 600 Warnmeldungen herausgegeben werden.

## 2. Archivauskünfte

Archivauskünfte sind immer erforderlich. Der ZPVW verfügt über ca. 500 000 Eintragungen, die seit 1959 gesammelt wurden.

## 3. Ermittlungen

Der Dienst stellt auch Ermittlungen an, wenn über einen Sammler oder Händler noch nichts negatives bekannt geworden ist, er aber wohl neuerdings mit unlauteren Methoden arbeitet. Dabei kann schnell herausgefunden werden, ob der Schuldner einen festen Wohnsitz hat, wie lange er unter einer bestimmten Anschrift bereits gemeldet ist, ob er einer geregelten Arbeit nachgeht, in welchem Arbeitsverhältnis er steht und ob über den Betreffenden in seinem Wohnort etwas bekannt geworden ist, was auf Unseriosität schließen läßt.

Diese drei Punkte lassen es notwendig erscheinen, den ZPVW ständig im Auge zu behalten. Wenn eine Sammlung an unbekannt verkauft werden soll, wenn ein größerer Posten zum Verkauf angeboten wird, sollte man sich beim ZPVW erkundigen.

Alle ZPVW-Mitglieder werden überwacht und beobachtet.

# Die Fachpresse

Jeder, der sich intensiv mit Briefmarken beschäftigt, kann eigentlich auf das Studium der Fachpresse nicht verzichten. Aber immer noch glauben die meisten Sammler, daß sie ohne Publikationen auch zurecht kommen. Das ist, gelinde gesagt, ein Irrglaube, denn nur dann können die Entwicklungen auf dem Briefmarkensektor verfolgt werden, wenn man regelmäßig Fachliteratur und Fachzeitschriften zu Rate zieht.

Die Fachpresse im In- und Ausland bietet ein weites Spektrum philatelistischer Themen: Informationen für den Anfänger, Wissenswertes für den Fortgeschrittenen. Sie analysiert, verdeutlicht Tendenzen, gibt Auskünfte über Neuheiten aller Postverwaltungen der Welt. Anerkannte Experten geben Hinweise zum Sammeln, veröffentlichen ihre Meinung zu aktuellen Entwicklungen der Philatelie – eine Meinung, die zählt und auf oft jahrelanger Erfahrung basiert.

Es ist nicht weiter verwunderlich, daß viele Hobby-Sammler nichts von der Existenz der Fachpresse wissen und demzufolge auch keine Möglichkeit haben, sich hinreichend informieren zu können.

Ein Abonnementsabschluß ist jederzeit möglich. Führend auf dem deutschen Markt ist die »DBZ«, die »Deutsche Zeitung für Briefmarkenkunde«, Postfach 309, 5427 Bad Ems. Sie erscheint alle zwei Wochen und wird per Post zugestellt. Auch im Ausland hat diese Zeitschrift viele Freunde, vor allem in den westlichen Nachbarländern.

Besonders beachtenswert ist der »sammlerdienst«, eine Publikation, die monatlich erscheint. Kostenlose Probenummern können beim R. von Decker's Verlag, Im Weiher 10, 6900 Heidelberg, angefordert werden. Nicht vergessen werden darf der »Briefmarkenspiegel« aus Göttingen.

Eine dieser Zeitschriften sollte jeder Sammler zur Pflichtlektüre werden lassen, denn woher sonst kann er sein Wissen so vertiefen, wie es zum Aufbau einer Sammlung als notwendig erachtet werden muß? Sicher, es gibt die Möglichkeit, sich einem Verein im »Bund Deutscher Philatelisten« anzuschließen, aber nicht jeder will sich gebunden fühlen und die deutsche Vereinsmeierei mitmachen, auch wenn sie gerade im Hinblick auf Briefmarken nur von Nutzen sein kann.

*Sportler als Briefmarkenmotiv*
Wer das Briefmarkensammeln nur als Hobby betrachtet und keine Anlagemöglichkeit darin sieht, wird am umseitig abgebildeten Bogen mit den Darstellungen berühmter Fußballspieler sicher seine Freude haben. In einer philatelistisch orientierten Sammlung finden diese Marken allerdings keinen Platz, weil sie von der entsprechenden Postverwaltung zum größten Teil aus Gewinnstreben herausgegeben wurden.

Die Fachpresse – es erscheinen auch im Ausland periodische Publikationen, die beachtenswert sind – lebt zum größten Teil von Inseraten. Und da sich in der Bundesrepublik jeder als Briefmarkenhändler betätigen kann, sind einige Anzeigen, die besonders viel versprechen, mit Skepsis zu betrachten.

Gerade auf dem Briefmarkensektor haben sich in den letzten Jahren einige obskure Geschäftemacher getummelt, die zum Schaden des Käufers und zudem zum Schaden der gesamten Philatelie qualitativ minderwertige Ware zu überhöhten Preisen absetzen wollten und das unverständlicherweise auch zur Genüge tun konnten. Deshalb sollte jeder Sammler wissen, daß eine Anzeige in der Fachpresse nicht immer von reellen Briefmarkenkaufleuten aufgegeben wird. Die Inserenten haben in einigen Fällen aber nichts anderes im Sinn, als auf bequeme Weise an Briefmarken zu gelangen. Ebenfalls bedenklich stimmen großformatige Verkaufsanzeigen, in denen gute Marken weit unter Preis angeboten werden. Wer hat denn schon etwas zu verschenken! Darüber denken anscheinend immer noch zu wenige nach. Sie bestellen bedenkenlos, im guten Glauben, ein hervorragendes Geschäft gemacht zu haben. Da die Verkäufer darauf spekulieren, daß der Käufer keine nachgummierte oder entfalzte Marke erkennen kann und sie mit dieser Annahme auch in vielen Fällen richtig liegen, floriert der Absatz gut.

Wer in der Fachpresse Verkaufs- oder auch Ankaufsangebote vorfindet, sollte sich erst einmal über den Geschäftspartner erkundigen oder aber zumindest eine Bestellung aufgeben, die nicht gleich große finanzielle Einbußen nach sich ziehen kann. Befreundete Sammler, die man als Fachleute einschätzen kann, können sicherlich auch mit Rat und Tat zur Seite stehen.

Die Verantwortlichen der Fachprese wissen um die »Schwarzen Schafe«, können aber nur gelegentlich gegen sie vorgehen, und die Ablehnung eines Anzeigenauftrages ist nicht ohne weiteres durchführbar. Schließlich, und das müßte einsichtig sein, kann sich die Fachpresse nicht als richterliche Instanz aufspielen und nach Gutdünken über Wohl und Wehe eines Briefmarkenhändlers entscheiden. Erst wenn Geschäftemacher rechtskräftig verurteilt sind, würde eine Ablehnung möglich werden. Doch das wissen auch die Händler. Sie verlegen den Sitz ihrer

Betriebe, ändern den Namen ihres Handelsgeschäftes und fischen munter im trüben weiter. Oder Verwandte führen unter einer anderen Bezeichnung den Briefmarkenhandel weiter, weil der ehemalige Inhaber eine Haftstrafe zu verbüßen hat.

Der »Bund Deutscher Philatelisten« hat im Jahre 1978 ein Merkblatt herausgegeben, das beim Kauf oder Tausch philatelistischer Objekte beachtet werden sollte:

1. »Vertrauen ist gut, Kontrolle ist besser.« Von diesem Grundsatz sollte sich jeder Sammlerfreund beim Kauf oder Tausch philatelistischer Objekte (Marken, Briefe usw.) leiten lassen. Die größtmögliche Sicherheit gegen den Erwerb gefälschten Materials ist nur dann gewährleistet, wenn die Objekte vor Abschluß eines solchen Geschäftes von einem Bundesprüfer geprüft und für echt befunden worden sind.

2. Die Gefahr, gefälschtes Material zu kaufen oder einzutauschen, besteht erfahrungsgemäß nur ab einem bestimmten Mindestwert eines Objekts. Eine Wertgrenze, von der ab mit Fälschungen gerechnet werden muß, ist nicht bestimmbar. Vielmehr muß es dem Käufer bzw. dem Tauschpartner (Abnehmer) überlassen bleiben, die Wertgrenze selbst zu bestimmen; z. B. einen Betrag von DM 50,— je Objekt, von dem ab er nur geprüfte und für echt befundene Objekte kauft oder eintauscht.

3. Wird jedoch ein Objekt zum Kauf oder Tausch angeboten, das eine solche Wertgrenze überschreitet und das nicht von einem Bundesprüfer geprüft und für echt befunden wurde, sollten grundsätzlich Zweifel an der Echtheit angemeldet werden.

4. In diesem Falle soll ein (auch mündlich geschlossener) Kauf- oder Tauschvertrag ausnahmslos erst dann geschlossen werden, nachdem die Echtheit eines Objektes von einem Bundesprüfer bestätigt worden ist. Hierzu gehört auch, daß vor Vertragsabschluß weder Zahlungen (Anzahlungen oder Kaufpreis) geleistet oder Zahlungsverpflichtungen übernommen werden, noch, daß die vorgesehenen Tauschobjekte (ein-

schließlich eines eventuellen Betrages als Ausgleich für die Wertdifferenz der Tauschobjekte) an den Verkäufer bzw. den Tauschinteressenten (Anbieter) ausgehändigt werden.

5. Solange ein Kauf- oder Tauschgeschäft nicht zustande gekommen ist, ist der Kauf bzw. Abnahmeinteressent bei Zweifeln an der Echtheit nicht berechtigt, sich das angebotene Objekt ohne Einwilligung des Partners anzueignen (Wegnahme oder Verweigerung der Rückgabe), z. B. um es einem Bundesprüfer zur Prüfung zuzuleiten oder es der Polizei zu übergeben. Dies gilt auch dann, wenn eine Fälschung offensichtlich erkennbar ist. Wer dies unbeachtet läßt, begeht verbotene Eigenmacht (§ 858 BGB). Das Recht zur Wegnahme ist nur den staatlichen Organen (Polizei oder anderen Beamten mit entsprechender Ermächtigung) vorbehalten.

6. Selbst wenn die Einwilligung des Verkäufers/Anbieters erteilt ist, daß der Käufer/Erwerber das angebotene Objekt einem Bundesprüfer zur Prüfung vorlegt, wird dringend davor gewarnt, hiervon Gebrauch zu machen. Denn es besteht immer die Gefahr, daß der Verkäufer/Anbieter später behauptet, das geprüfte (und nicht für echt befundene) sei mit dem von ihm übergebenen Objekt nicht identisch, gehöre ihm also nicht. Die Beweislast, daß dem nicht so ist, liegt bei dem an dem Kauf oder Tausch interessierten Sammlerfreund, weshalb gegen ihn möglicherweise Schadensersatzansprüche geltend gemacht werden können. Deshalb sollte es in diesen Fällen grundsätzlich dem Verkäufer/Anbieter überlassen bleiben, das Objekt durch einen Bundesprüfer prüfen zu lassen und, falls es für echt befunden ist, erneut zum Kauf/Tausch anzubieten.

7. Bestehen Zweifel an der Echtheit, sollte sich jeder Sammlerfreund verpflichtet fühlen, alles Zumutbare zu tun, um für den Fall, daß die Zweifel bestätigt werden, einem Fälscher oder seiner Mittelsperson auf die Spur zu kommen. Hierzu gehört zunächst, daß er sich die Personalien (Name und Anschrift) des Verkäufers/Anbieters geben läßt, und zwar durch Vorlage eines Identitätsausweises (Personalausweis, Paß, Führerschein). Weigert sich der Aufgeforderte, einen solchen Ausweis vor-

zulegen, so ist die örtliche Polizeibehörde mit der Begründung einzu-
schalten, daß eine Betrugsabsicht vermutet wird.

8. Die Personalien des Verkäufers/Anbieters, das (freiwillig übergebe-
ne) fälschungsverdächtige Objekt oder eine Beschreibung hiervon
(Land, Nr. des Michel-Kataloges o. a., Zustand z. B. der Marke — postfrisch oder gestempelt — sowie besondere Merkmale) und eine Begründung für die Zweifel an der Echtheit sind unverzüglich der Zentrale für
Fälschungsbekämpfung des Bundes Deutscher Philatelisten e. V. und
des Bundesverbandes des Deutschen Briefmarkenhandels, Geibelstraße 4, 5000 Köln 41, Fernruf (0221) 407900, mitzuteilen.

# Prüfer und Prüfordnung

Zu allen Zeiten hat es Betrüger gegeben, die Marken ge- oder verfälscht haben. Doch gerade in den Jahren nach dem 2. Weltkrieg sicherten sich Betrügereien mit Briefmarken einen festen Platz in der Wirtschaftskriminalität. Zum Glück, so kann man wohl sagen, gibt es aber eine ganze Reihe von Experten, die Fälschungen und Verfälschungen mit überaus großer Sicherheit erkennen können: die Prüfer. Wer heute teure Marken erstehen will, sollte immer darauf bestehen, daß seine Marke von einem Prüfer geprüft worden ist. Um allen die Möglichkeit zu geben, sich rechtzeitig an einen Prüfer wenden zu können, seien hier die Bestimmungen des Bundes der philatelistischen Prüfer e. V. aufgeführt:

§ 1 *Allgemeines*
1. Die Mitglieder des »Bundes der philatelistischen Prüfer e. V.« stehen zur Durchführung von philatelistischen Prüfungen zur Verfügung.
2. Ihre Tätigkeit dient außer der Feststellung der Echtheit und Erhaltung von Briefmarken, Abstempelungen oder anderen philatelistischen Belegen gleichzeitig auch dem Schutz der Allgemeinheit. Daraus ergeben sich besondere Pflichten für alle Beteiligten hinsichtlich derjenigen Prüfstücke, die als falsch oder verfälscht festgestellt werden. Im Interesse der gesamten Philatelie sind daher die Verpflichtungen aus dieser Prüfordnung von allen Beteiligten einzuhalten.
3. Für alle Prüfungen und Gutachten sind die in der Anlage zur Prüfordnung aufgeführten philatelistischen Begriffsbestimmungen maßgebend.

§ 2 *Rechtsnatur der Geschäftsbeziehungen*
1. Die rechtlichen Beziehungen zwischen dem Prüfer und seinem Auftraggeber – in dieser Prüfordnung »Einlieferer« genannt – richten sich nach den Bestimmungen des Werkvertrages, der eine entgeltliche Geschäftsbesorgung zum Gegenstand hat.
2. Maßgebend für den Inhalt des Prüfvertrages, der mit der Einlieferung des Prüfgegenstandes an den Prüfer und der Ausführung der Prü-

fung auch stillschweigend zustande kommen kann, sind in erster Linie die Bestimmungen dieser Prüfordnung. Ergänzend finden die Vorschriften des Bürgerlichen Gesetzbuches über die entgeltliche Geschäftsbesorgung (§ 675) und das Recht des Werkvertrages (§ 631 ff.) Anwendung, soweit nicht aus der Natur des Prüfauftrages die Anwendung einzelner Vorschriften auszuschließen ist.

3. Der Einlieferer bestätigt vor der Ausführung des ersten Prüfungsauftrages durch ein schriftliches Anerkenntnis sein Einverständnis mit der Anwendung der Prüfordnung und der für einzelne Gebiete bestehenden Sonderregelungen. Das einmalige Anerkenntnis erstreckt sich bis auf schriftlichen Widerruf auf alle zukünftigen Prüfaufträge zwischen demselben Prüfer und Einlieferer. Wird es verweigert, so hat der Prüfer jede Tätigkeit abzulehnen.

4. Von der Prüfordnung abweichende Abreden (z. B. für Spezialgebiete) sind zulässig, aber in jedem Falle schriftlich festzulegen. Mündliche Abreden haben keine Rechtsgültigkeit.


§ 3 *Aufgaben und Pflichten des Prüfers*

1. Aufgabe des Prüfers ist die Erstattung eines Sachverständigengutachtens (Prüfung), das in der Regel durch Signierung gem. § 6 Abs. 1 erfolgt. Das Gutachten ist unparteiisch und nach bestem Wissen und Gewissen zu erstatten (§ 10).

2. Der Prüfer kann nicht zur Abgabe bestimmter Erklärungen oder Ergebnisse eines Gutachtens gezwungen werden. Jeder begründete Zweifel verpflichtet zur Ablehnung des geforderten Gutachtens.

3. Der Prüfer kann die Prüfung ohne Angabe von Gründen ablehnen, er ist jedoch verpflichtet, die Ablehnung dem Einlieferer unverzüglich mitzuteilen. Auf Wunsch des Einlieferers ist der Prüfer ferner verpflichtet, dem Vorstand des Bundes der philatelistischen Prüfer e. V. die Gründe für die Ablehnung des Prüfungsauftrages mitzuteilen.

4. Kann der Prüfer den Prüfauftrag nicht innerhalb von vier Wochen nach Eingang der Prüfsendung ausführen, so soll er dem Einlieferer einen Zwischenbescheid mit der Angabe der ungefähren Erledigungszeit erteilen.

§ 4 *Umfang der Prüfung*
1. Prüfgegenstand können nur Postwertzeichen oder postalische Belege sein. Andere Prüfgegenstände dürfen kein Prüfzeichen erhalten, sofern nicht ausdrücklich für bestimmte Gebiete in der Prüferliste Ausnahmen aufgeführt sind.
2. Die Prüfung erstreckt sich auf die Echtheit der Marke in allen Teilen (z. B. Trennung, Gummi, Aufdruck, Entwertung usw.) und auf deren Erhaltung (etwaige Mängel, Reparaturen, Verschönerungen und sonstige wertmindernde Veränderungen). Die Prüfung schließt die Einordnung der Marke nach Druckart, Typen, Papierart, Wasserzeichen, Zähnung und Farbe ein, soweit diese in den für das Prüfgebiet maßgeblichen deutschen Katalogen aufgeführt sind.
3. Weitergehende Feststellungen, wie nicht katalogisierte Unterarten und Abarten, Feldmerkmale usw. sowie Bewertungen sind nicht Aufgabe des Prüfers. Soweit er sie übernehmen will, ist er berechtigt, hierfür nach vorheriger Vereinbarung einen Zuschlag zur Prüfgebühr zu erheben.
4. Für die Prüfung von anderen amtlichen postalischen Belegen als Postwertzeichen gelten die Absätze 1 bis 3 sinngemäß.
5. Der Prüfer ist berechtigt, die zur Erreichung des Prüfzweckes notwendigen und üblichen Untersuchungen vorzunehmen, insbesondere Marken in kaltes oder warmes Wasser bzw. unempfindliche Stücke in ein Benzinbad zu legen.

§ 5 *Attest*
1. Auf Wunsch kann dem Einlieferer ein Attest gegen besondere Berechnung erteilt werden (§ 12). Wird ein Fotoattest gewünscht, so soll der Einlieferer zwei Fotos oder zwei geeignete Abbildungen zur Verfügung stellen. Der Prüfer kann die Beschaffung gegen Erstattung seiner Kosten übernehmen.
2. Das Attest muß eine genaue Beschreibung des Prüfgegenstandes und seiner Erhaltung sowie – nach Ermessen des Prüfers – seiner Echtheitsmerkmale enthalten. Festgestellte wertmindernde Mängel sind ausdrücklich zu erwähnen.

## § 6 *Kennzeichnung echter Prüfgegenstände*

1. Für echt befundene Prüfgegenstände werden durch rückseitige Anbringung des Prüfzeichens (Signum des Prüfers) in der unten näher erläuterten Form gekennzeichnet (signiert), bei Erteilung eines Attestes nur auf ausdrücklichen Wunsch.

2. Auf jeder geprüften Marke, insbesondere auch bei Paaren, Streifen und größeren Einheiten, bringt der Prüfer sein Prüfzeichen an.

3. Aufgeklebte Marken (Briefstücke, nicht echt gelaufene und stark überfrankierte Briefe) werden auf der Rückseite des Papieres, auf welchem sie aufgeklebt sind, signiert. Zu diesem Zweck kann der Prüfer nicht echt gelaufene Umschläge am Rand in dem erforderlichen Ausmaß öffnen.

4. Echt gelaufene Ganzstücke, postalische Dokumente und sonstige amtliche postalische Belege werden wie Einzelmarken durch Anbringung des Prüfzeichens grundsätzlich rückseitig in der rechten unteren Ecke signiert, vorausgesetzt, daß sich auf den Belegen in jeder Hinsicht echte und einwandfreie Briefmarken, Entwertungen usw., befinden. Ist dies nicht der Fall oder die ursprüngliche Frankatur nicht mehr vollständig, so sind nur die als echt befundenen Stücke wie Briefstücke zu signieren.

5. Marken, die auch geteilt voll frankaturgültig waren (z. B. Mecklenburg-Schwerin Nr. 1 und 4, Schweiz Doppelgenf) erhalten, wenn sie ungeteilt vorliegen, ein doppeltes Prüfzeichen, kleinere Einheiten auf jeder Teileinheit ein einfaches Prüfzeichen. Von mehreren Arten einer Briefmarke wird die jeweils teuerste doppelt signiert.

6. Das Prüfzeichen enthält den Namen des Prüfers und den Zusatz »BPP«.

7. Die Prüfzeichen werden grundsätzlich wie folgt gesetzt, wobei versehentliche Abweichungen keine Ersatzansprüche gegen den Prüfer begründen, Abbildung 1.

   Versehentlich ungezähnt gebliebene Marken werden ebenso wie geschnittene Marken signiert. Bei teilweise ungezähnt gebliebenen Marken ist dem Prüfstempel ein Zusatzzeichen (in der im Michel-Katalog 1975, Einführung S. 15, dargestellten Form) hinzuzufügen. Abbildung 2: Marken mit Aufdruck »Specimen«, »Muster« und der-

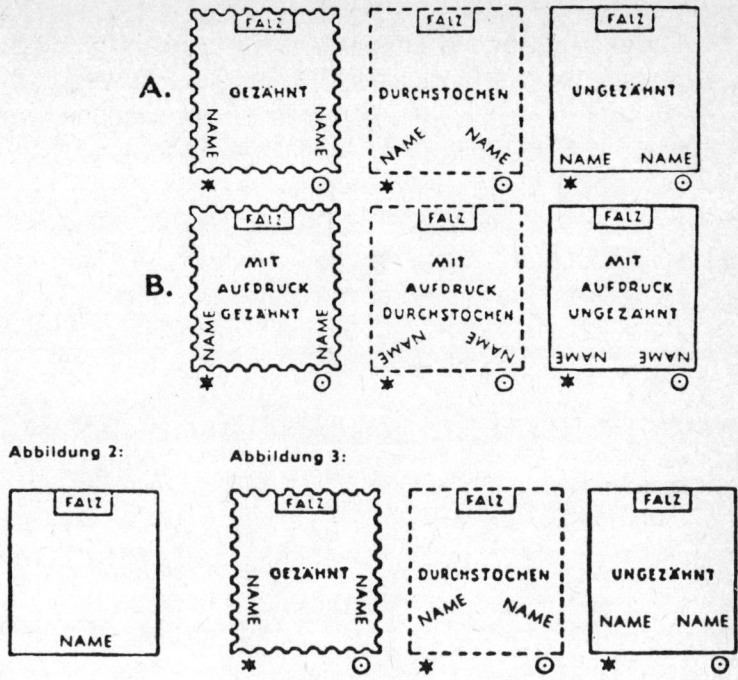

**Abbildung 2:**  **Abbildung 3:**

gleichen, nicht ausgegebene Marken, Probedrucke, Essais erhalten das Prüfungszeichen in der Mitte des Unterrandes der Marke.

Abbildung 3: Mehr oder weniger beschädigte Marken sowie reparierte Stücke erhalten den Prüfstempel je nach dem Grad der Beschädigung bzw. des Umfanges der Reparatur, unter Beibehaltung der vorgeschriebenen Grundstellung (Abbildung 1), mehr oder weniger von der Grundlinie der Marke nach oben entfernt. Stark beschädigte oder reparierte Stücke werden bis zur Markenmitte erhöht signiert.

8. Geringwertige Prüfstücke erhalten im allgemeinen kein Prüfzeichen, insbesondere dann nicht, wenn sie mit höherwertigen Marken verwechselt werden können.

9. Beschädigte, reparierte oder verschönte Prüfgegenstände sowie ungebrauchte Marken ohne Gummi erhalten – je nach Grad des Mangels – höhergesetzte Prüfzeichen (Abb. 3). Falsch gummierte Marken erhalten rückseitig in der Markenmitte den Stempel »Gummi falsch« und das dazu quergestellte Prüfzeichen (Abb. 3).

10. Marken mit Gefälligkeitsstempeln (s. Anlage) werden wie sonstige echt gestempelte Marken behandelt. Amtliche Entwertungen für philatelistische Zwecke dagegen erhalten zusätzlich zum Prüfzeichen einen Stempel mit querschraffiertem Kreis.

11. Amtliche Neudrucke oder Nachdrucke erhalten rückseitig das Signum »Neudruck« bzw. »Nachdruck« und das Prüfzeichen in der Mitte des Unterrandes. Private Neudrucke oder Nachdrucke werden nicht signiert. Auf unerlaubte Art oder in betrügerischer Absicht von echten oder nachgemachten Platten hergestellte Erzeugnisse sind wie Fälschungen zu behandeln.

## § 7 *Kennzeichnung von falschen Prüfgegenständen*

1. Einwandfrei nachweisbare Fälschungen erhalten rückseitig in der Markenmitte den Stempel »falsch« in unverwaschbarer Farbe und das dazu quergestellte Prüfzeichen.

2. Echte, aber falsch gestempelte Marken (Stempelfälschungen) erhalten den rückseitigen Vermerk »Stempel falsch« und das dazu quergestellte Prüfzeichen.

3. Fälschungen zum Schaden der Post, Spionagefälschungen und ähnliche für Freimachung von Postsendungen bestimmte Erzeugnisse erhalten das Prüfzeichen mit dem Zusatz »PFä«. Propagandafälschungen, Propagandamarken und ähnliche nicht postalischen Zwecken dienende Marken werden nicht signiert.

4. Der Prüfer ist grundsätzlich zur gut sichtbaren und untilgbaren Kennzeichnung von Fälschungen auf der Rückseite der Marke berechtigt und verpflichtet. Auch vorhandene unzutreffende Atteste werden entsprechend gekennzeichnet. Erteilt der Einlieferer keine Genehmigung zur Kennzeichnung als falsch, so ist die Prüfsendung unbearbeitet zurückzureichen.

§ 8 *Pflichten und Rechte des Einlieferers*
1. Die Prüfgegenstände sind geordnet in sauberem, lose gestempelte Marken, in papierfreiem Zustand, mit einer Aufstellung der eingelieferten Prüfgegenstände vorzulegen.
2. Bereits bekannte Prüfungsurteile, Ergebnisse von Vorprüfungen, Fehler, Reparaturen, Nachzähnungen oder Nachgummierungen an den Prüfgegenständen sind dem Prüfer bei der Vorlage mitzuteilen. (s. auch § 11, Abs. 2)
3. Jeder Sendung ist ein ordnungsgemäß adressierter Umschlag mit dem erforderlichen Porto für die Rücksendung beizufügen. Ist dies nicht der Fall, so ist der Prüfer berechtigt, die Rücksendung durch eingeschriebenen Brief oder Wertbrief unter Unkostenberechnung vorzunehmen.
4. Die Gefahr für die Versendung sowie auch etwaige Folgen unabwendbarer Ereignisse trägt der Einlieferer. Ihm wird empfohlen, die Prüfsendung vorher versichern zu lassen.
5. Prüfgegenstände, die für falsch oder verfälscht befunden werden, kann der Prüfer bei dringendem Verdacht einer strafbaren Handlung (Betrug, Urkundenfälschung bei gefälschten Prüfzeichen) den Strafverfolgungsbehörden oder der Bundeszentrale für Fälschungsbekämpfung zur Einleitung eines Verfahrens vorlegen. Der Prüfer hat in solchen Fällen den Einlieferer von der Weitergabe der Prüfgegenstände zu unterrichten. Das Eigentum des Einlieferers wird dadurch nicht berührt.

§ 9 *Obergutachten*
Bei widersprechenden Prüfungsergebnissen zweier Mitglieder des »Bundes der philatelistischen Prüfer« entscheidet auf Antrag eines Beteiligten die Oberprüfstelle, deren Entscheidung bindend ist. Sämtliche Beteiligten erkennen hiermit die Verfahrensordnung der Oberprüfstelle des Bundes der philatelistischen Prüfer e. V. als verbindlich an.

§ 10 *Haftung des Prüfers*
1. Der Prüfer haftet nach den allgemeinen gesetzlichen Bestimmungen dafür, daß sein Prüfgutachten objektiv, neutral und aufgrund beson-

derer philatelistischer Kenntnisse und Erfahrungen, über die der Prüfer auf seinem Prüfgebiet in jedem Falle verfügen muß, sowie nach bestem Wissen unparteiisch erstattet ist. Der Prüfer ist verpflichtet, die Bestimmungen der Prüfordnung und die im Verkehr erforderliche Sorgfalt (§ 276 BGB) anzuwenden. Er hat ferner wirksam erteilte Weisungen des Einlieferers zu beachten und darf diesen nicht zuwiderhandeln.

2. Das Prüfgutachten kann auch zum Nachteil des Einlieferers ausfallen. Ersatzansprüche des Einlieferers werden dadurch nicht begründet. Ebenso berechtigt die Unzufriedenheit des Einlieferers mit dem Ergebnis der Prüfung nicht zur Verweigerung der Vergütung (§ 12 der Prüfordnung).

3. Der Prüfer haftet nur für vorsätzliches oder fahrlässiges Verhalten. Das Nichterkennen von erstmals aufgetauchten und geschickten Fälschungen trotz Anwendung der erforderlichen Sorgfalt stellt keine vom Prüfer zu vertretende Fahrlässigkeit dar, wohl aber das Übersehen von bereits bekannten Fälschungen oder Verfälschungen.

4. Der Prüfer haftet auch für etwaiges Verschulden der von ihm bei der Ausführung des Prüfauftrages mit herangezogenen Personen (Gehilfen i. S. von § 278 BGB).

5. Dritten gegenüber, insbesondere Käufern von geprüften Marken oder Rechtsnachfolgern des Einlieferers, haftet der Prüfer nur im Rahmen der Verjährungsfrist des § 13 Absatz 1.

6. Eine Haftung des Bundes der philatelistischen Prüfer, des Bundes Deutscher Philatelisten und seiner Untergliederungen sowie des Bundesverbandes des Deutschen Briefmarkenhandels (APHV) für ihre als Prüfer tätigen Mitglieder ist in jedem Falle ausgeschlossen.

§ 11 *Umfang der Haftung*
1. Im Falle der Haftung hat der Prüfer nach seiner Wahl entweder ein gleichwertiges Ersatzstück zu liefern oder den entstandenen Schaden in bar zu ersetzen.

2. Der Einlieferer ist verpflichtet, alles zu tun, um den Eintritt und die Höhe eines eventuellen Schadens zu mindern (§ 254 BGB). Er hat insbesondere den Prüfer auf alle Umstände aufmerksam zu machen,

die zu einer Fehlbeurteilung durch den Prüfer führen können (§ 8 Absatz 2 der Prüfordnung). Auch ist der Einlieferer verpflichtet, den Prüfer unverzüglich auf etwaige Fehler oder Mängel des Gutachtens hinzuweisen und ihm die Möglichkeit einer Beseitigung der Mängel des Gutachtens zu geben.

## § 12 *Anspruch des Prüfers auf Vergütung*

1. Der Prüfer ist berechtigt, für seine Tätigkeit eine Gebühr zu berechnen, die durch Nachnahme beim Einlieferer erhoben werden kann, sofern nichts anderes vereinbart ist.
2. Die Gebühr beträgt, wenn nichts anderes vereinbart ist, bis zu 4% vom jeweiligen Michel-Netto-Katalogwert oder, wo ein solcher nicht anwendbar ist, bis zu 4% vom Handelswert. In der Regel beträgt die Mindestgebühr für jede Prüfsendung 20,– DM, für jede einzelne vorgelegte Marke 3,– DM, auch wenn sie nicht signiert wird.
3. Für besonders zeitraubende und schwierige Prüfungen kann der Prüfer einen vorher schriftlich zu vereinbarenden Aufschlag verlangen.
4. Die Prüfgebühr für falsch bzw. verfälscht gekennzeichnete Prüfstücke ermäßigt sich auf höchstens ¼ der Gebühr nach Ziffer 2 bzw. auf die Mindestgebühr.
5. Für die Ausstellung eines Attestes kann eine zusätzliche Gebühr bis zu 20,– DM erhoben werden.
6. Außer der Prüfgebühr berechnet der Prüfer seine Versandkosten, die Kosten für die Beschaffung von Fotobelegen sowie die gesetzliche Mehrwertsteuer.
7. Soweit nicht Vorauszahlung der Gebühren erfolgt oder diese nicht durch Nachnahme erhoben werden, kann der Prüfer bis zur Zahlung seiner Gebühren die Prüfgegenstände zurückbehalten.
8. Bei Streitigkeiten über die Höhe der Prüfkosten entscheidet auf Antrag eines Beteiligten der Vorstand des Bundes der philatelistischen Prüfer e. V.

## § 13 *Verjährung*

1. Alle Ansprüche aus dem Prüfervertrag, und zwar sowohl die Ansprüche des Prüfers auf Vergütung (Gebühren und Auslagen) als auch alle

Ansprüche des Einlieferers und seiner etwaigen Rechtsnachfolger verjähren in zwei Jahren, ebenso auch alle Ansprüche gegen den Prüfer wegen weiterer Forderungen (sogenannte Mangelfolgeschäden), gleichgültig, wer diese Ansprüche geltend macht.

2. Im Gegensatz zu Absatz 1 beträgt die Verjährungsfrist bei der Falsch-Kennzeichnung fünf Jahre.
3. Die Verjährungsfrist beginnt mit dem Ablauf des Jahres, in welchem der Prüfungsauftrag ausgeführt worden ist. Der Prüfungsauftrag ist ausgeführt mit der Aufgabe der Prüfsendung durch den Prüfer bei der Post, bei persönlicher Übergabe mit der Aushändigung des Prüfgegenstandes an den Einlieferer.

## § 14 *Zuständigkeit*

1. Erfüllungsort des Prüfvertrages ist für beide Teile der Wohnsitz des Prüfers.
2. Zuständig für etwaige Rechtsstreitigkeiten aus dem Prüfervertrag ist das für den Wohnsitz des Prüfers zuständige Gericht.
3. Bei Streitigkeiten zwischen dem Prüfer und ausländischen Einlieferern ist ausschließlich das am Wohnsitz des Prüfers geltende Recht anzuwenden.

# Der »Freie Prüfer«

Immer dann, wenn sich Organisationen oder Interessengruppen bilden, die gleiche oder ähnliche Ziele verfolgen, kommt es zu Konflikten. Einer wirft dem anderen vor, nicht kompetent genug zu sein, alte Zöpfe nicht abzuschneiden und überhaupt, alles falsch zu machen. Diese Ränkespiele vollziehen sich zumeist nicht vor den Augen der Öffentlichkeit, sondern im stillen, dort aber um so härter.

Auch die Philatelie ist von diesen Kulissenkämpfen nicht ausgeschlossen, was eigentlich zu bedauern ist, da ein gemeinsames Vorgehen zum Nutzen der Sammler sein würde. Man kann schlichtweg sagen: Persönliche Aversionen werden mit der Sache in nicht begrüßenswerter Weise verknüpft.

Neben den Prüfern, die im Bund der philatelistischen Prüfer e. V. organisiert sind, gehen auch sogenannte »Freie Prüfer« dem Erkennen von Fälschungen nach, geben Gutachten über echte Stücke ab und führen auch alles das aus, was der organisierte Prüfer ebenfalls tut.

Dabei ist nicht zu verkennen, daß auch unter den »Freien« Experten tätig sind, die ihr Sammelgebiet, für das sie sich eine Prüfung zutrauen, genau kennen, die aber aus irgendwelchen Gründen nicht organisiert sein wollen. Auch diese »Freien« unterliegen der deutschen Rechtsprechung und haften im Umfange der Gesetzestexte. Aber keiner haftet für sein Wissen, weil sie sich selbst zum Prüfer ernennen können, keinerlei Schulungen durchlaufen müssen und auch Fortbildungskurse nicht zum jährlichen Programm zählen.

»Freie Prüfer« sind nicht grundweg abzulehnen. Aber jene Sammler, die ihre Marken dort vorlegen, sollten sich, wo auch immer, Informationen über den Prüfer einholen, nicht daß es später ein böses Erwachen gibt. Anerkannte Experten, die zu den »Freien Prüfern« zählen, werden akzeptiert. Unbekannte Namen hingegen gelten bei vielen Sammlern und Händlern nicht als Beweis für korrekte Prüfungen. Windige Geschäftemacher können sich sogar selbst zu Prüfern ernennen. Wer will schon beim Wort »Prüfer« die Fachkenntnis anzweifeln?

# Was ist was? — Stichworte zur Philatelie

Wer sich mit dem Briefmarkensammeln befaßt, muß über einige Begriffe Bescheid wissen. Aus diesem Grunde werden in diesem Abschnitt wichtige Fachbegriffe erklärt, zumeist in vereinfachter Form, so daß auch der Neuling damit etwas anfangen kann. Wer darüber hinaus weitergehend informiert werden will, nehme sich ein Fachlexikon für Philatelie zur Hand, die auf dem Markt angeboten werden.

*Abart:*
Eine Abart unterscheidet sich von der Originalmarke in einer oder mehreren Einzelheiten. Diese Einzelheiten weichen aber meist nur unbedeutend von den Originalmarken ab. Wären die Einzelheiten von entscheidender Bedeutung, würde man nicht von einer Abart, sondern von einem Fehldruck sprechen. In den Bereich der Abarten gehören Nachgravierungen von Druckplatten, Verschiedenheiten in der Zähnung, der Gummierung oder Papierwahl, um einige wichtige Punkte zu nennen.

*Abklatsch:*
Abklatsche befinden sich auf der Markenrückseite. Sie entstehen häufig durch mechanische Vorgänge während des Druckes, deren Erklärung in diesem Rahmen zu weit gehen würde. Ein Abklatsch kann auch dann zustande kommen, wenn ein Briefmarkenbogen auf den darunter liegenden fällt, dessen Farbe noch nicht getrocknet ist.

*Acetatfolien:*
Acetatfolien sind dringend für Einsteckbücher und Falzlosalben anzuraten, weil sie »weichmacherfrei« sind, das heißt, die Marken werden auch bei längerer Aufbewahrung nicht durch chemische Prozesse verändert oder beschädigt. Beim Albenkauf sollte man sich im Fachgeschäft beraten lassen. Billige Massenprodukte helfen nicht sparen!

*Amtliche Fälschung:*
Als amtliche Fälschungen sind »Spionage- und Propaganda-Fälschungen« bekannt. Trotzdem kann die Bezeichnung irreführend sein. Denn im eigentlichen Sinne gibt es keine amtlichen Fälschungen. Man bezeich-

net damit Nachdrucke oder Neudrucke, die sich deutlich von der Originalmarke unterscheiden. Neudrucke wurden z. B. von verschiedenen Ausgaben der altdeutschen Staaten hergestellt, und auch ausländische Marken wurden mit dem Originaldruckstock nachgedruckt. Auch Nach- bzw. Neudrucke haben auf dem Briefmarkenmarkt gelegentlich ihren stolzen Preis.

*Angeschnitten:*

In vielen Verkaufsangeboten und auch in Auktionskatalogen begegnet man dem Begriff »angeschnitten«. Sammler, die sich nicht intensiv mit der Philatelie befassen, wissen diesen Begriff nicht richtig einzuordnen. »Angeschnittene« Marken (siehe obenstehende Abbildungen) verfügen nicht mehr über vier vollständig erhaltene Ränder. Vollrandige Stücke werden wesentlich höher bewertet. Für den Begriff »angeschnitten« wird auch die Bezeichnung »berührt« eingesetzt. Die Kataloge bewerten bei alten Marken durchschnittliche Qualität, das heißt, die Marken können »angeschnitten« oder »berührt« sein.

*Anhängsel:*

Einem sogenannten Anhängsel begegnet man bei vielen Ausgaben Belgiens aus den Jahren 1893 bis 1914 (siehe umseitige Marken). Auf dem Anhängsel befindet sich folgender Text: »Ne Pas Livrer Le Dimanche, Net Bestellen Op Zondag.« Die Postzustellung wurde also nicht am Sonntag gewünscht. Sollte die Post an diesem Tage doch zugestellt werden, mußte das Anhängsel abgerissen werden. Einen Anhängsel, »Tabs« genannt, haben auch die Marken Israels (Abb. Seite 98). Marken mit »Tabs« werden wesentlich höher als ohne bewertet.

Anhängsel belgischer
Marken aus den Jahren
1893–1914.

Ein Anhängsel, auch »Tabs«
genannt, hat auch diese
Marke aus Israel.

*Attest:*
Ein Attest ist besonders bei teuren Marken von Wichtigkeit. Es wird von
einem anerkannten Prüfer ausgestellt und beinhaltet (siehe nebenste-
hende Abbildung) die Aussagen über Echtheit und gegebenenfalls über
die Qualität der zur Prüfung vorgelegten Marken. Bei wertvollen Marken
sollte immer ein Attest neueren Datums verlangt werden.

98

**DR. ARNO DEBO**

Bundesprüfer

Mitglied im Bund der philatelistischen Prüfer e. V. des BDPh und des APHV

D-8000 München 90, Laufzorner Straße 7, Telefon 6 42 18 22

Nr. 3538                                          Datum  26.7.1978

## ATTEST

Färöer 1919
2 ØRE auf 5 Öre Chr. X. waagerechtes Paar zusammen mit
1 und 2 Öre auf ganzem Brief
Michel Nr. 1(2) + Dänemark Michel Nr. 77 + 43 B

Prüfgebiete: Dänemark, Färöer, Grönland, Dänisch-Westindien,
Island, Hapagmarke

Die Prüfung erfolgte aufgrund der Prüfordnung des Bundes der philatelistischen Prüfer e. V.

Aufdrucke und Stempel sowie der Brief als Ganzes sind
e c h t und aus der normalen Gebrauchszeit.
Es handelt sich um eine phialtelistische Frankatur, da das
Porto von 7 Öre durch je eine 5 und 2 Öre Marke hergestellt
werden konnte.

*Bandaufdruck:*
Diese Aufdruckform wurde auf den Aushilfsausgaben der Deutschen Post nach der Währungsreform gewählt. Eine zweite Ausgabe aus dieser Zeit erhielt den sogenannten Netzaufdruck.

*Bedarfsbrief:*
Gerade in den letzten Jahren haben sich Philatelisten dem Sammeln von Bedarfsbriefen zugewendet. Bedarfsbriefe sind echt gelaufene Briefe, wie sie der Postbote täglich ins Haus bringt, die aus Sammlerzwecken

nicht überfrankiert sind. Bedarfsbriefe tragen in den meisten Fällen keinen Sonderstempel und sind häufig maschinell entwertet, also ohne Rundstempel. Interessante Bedarfsbriefe sollten aufgehoben werden. Sie lockern eine Sammlung gut auf.

*berührt:*
Vergleiche hierzu die Bemerkungen zum Stichwort »angeschnitten«.

100

*Bildpostkarten:*
Einige Postverwaltungen bringen Postkarten heraus, die mit einem »Bild« versehen sind. So wie die Rumänen (siehe Abbildung) legt auch

die Deutsche Bundespost Bildpostkarten auf. Österreich bringt ebenfalls in jedem Jahr neue Serien in den Verkauf. Bildpostkarten eignen sich gut für Heimatsammlungen. Die Auflagen bewegen sich bis zu 50 000 Stück pro Motiv.

*Block:*
Großer Beliebtheit erfreuen sich die Blockausgaben, die von vielen Ländern wohl ausschließlich zu Sammlerzwecken herausgegeben werden, denn normale Briefe werden in den seltensten Fällen mit Blöcken versehen. Einige Ostblockstaaten bringen zum gleichen Anlaß bildgleiche Blockausgaben in gezähnter und geschnittener Ausführung heraus. Die geschnittenen Ausgaben werden von vielen Sammlern abgelehnt, doch die Ausgaben »Europa-Mitläufer« machten in den letzten Jahren einen gewaltigen Preissprung nach vorne. Wer geschnittene Blocks sammeln will, muß sich darüber klar sein, daß dies mit höheren Kosten verbunden ist als der Erwerb gezähnter Ausgaben.

*Bogen:*
Sammler, die über entsprechende Finanzen verfügen, kaufen sich von jeder Neuausgabe einen kompletten Bogen, zumeist auch deshalb, um zu spekulieren. Doch die Ringeltauben sind unter den Neuheiten wegen ihrer großen Auflage selten geworden. Sondermarken werden zumeist in Bogen zu je 50 Marken gedruckt, andere als die bundesrepublikanische Postverwaltung drucken auch »Kleinbogen« (Liechtenstein) Dauerserien mit kleinerem Format kommen in Bogen zu je 100 Stück an die

►

Michel Block 1, West-Berlin (1949). Der »Währungsgeschädigten-Block«. Postpreis DM 1.–. Heute müssen mehrere tausend Mark bezahlt werden. Vorsicht vor Fälschungen!
Michel Block 1, Schweiz (1934). Wohltätigkeits-Sonder-Ausgabe in Blockform für die Nationale Briefmarken-Ausstellung »Naba« in Zürich. Dieser Block wurde nur in Verbindung mit einer Eintrittskarte verkauft. Preis damals 1,50 Franken. Heutiger Preis mehrere tausend Mark.
Michel Block 1, Thüringen (1945). Kleiner Weihnachtsblock. Auflage dünnes Papier 12 800, dickes Papier 32 000. Verkaufspreis zwei Reichsmark. Heute müssen zwischen DM 400,– und DM 2500,– dafür gezahlt werden.

Gesuchte Blöcke

Schalter. Spezielle Bogensammler achten auf die Bogenzählnummer, die am Rand eingedruckt ist. Wer mit Bogen ein Geschäft machen will, sollte sich den Gebieten zuwenden, die zum erstenmal Marken herausgeben. Vorher jedoch intensiv beraten lassen!

*Briefstück:*
Mit dem Begriff »Briefstück« bezeichnet man einen Briefausschnitt, der eigentlich immer Marke mit komplettem Stempelabdruck enthalten sollte, so daß zweifelsfrei zu bestimmen ist, wo, wann und bei welchem Postamt der Brief aufgegeben wurde. Briefstücke einiger Gebiete (Abbildung Deutsches Reich) werden von Spezialsammlern gesucht und im Durchschnitt bis zu 25% höher bewertet als die entsprechende gestempelte Marke. Briefstücke mit Maschinenstempel sind ebenfalls gefragt, wenn der Stempel selten ist.

*Bug:*
Wird eine Marke mit »Bug« angeboten, so ist sie im Wert gemindert. Hinter dieser Bezeichnung verbirgt sich zumeist ein Knick oder eine Falte, deren Beseitigung nicht immer gelingt.

*dezentriert:*
Ist der Abstand des Markenbildes zu den vier Kanten einer Marke nicht

104

gleich, spricht man davon, daß das Markenbild »dezentriert« ist (siehe Abbildungen). Besonders häufig trifft man dies bei älteren Ausgaben an. Eine Dezentrierung kann auch durch falsche Perforierung oder falschen Durchstich entstehen.

*Dienstmarken:*
Diese Marken werden von Ämtern, amtlichen Dienststellen, Gemeindebehörden u. ä. verwendet. So verfügte zum Beispiel der Völkerbund über eigene Dienstmarken, und auch im Deutschen Reich (siehe Abbil-

dungen) wurden diese verwendet. Es handelt sich dabei sowohl um gewöhnliche Postmarken, die mit einem Aufdruck versehen wurden, als auch eigens hergestellte Marken für Dienstzwecke.

*Dubletten:*
Wer auf Auktionen einen Dublettenposten ersteigern will oder in Zeitungsinseraten auf einen Dublettenverkauf aufmerksam wird, muß sich darüber klar sein, daß nahezu alle Marken mehrfach enthalten sind. Ob

man unter diesem Aspekt kaufen soll, ist zu überlegen und hängt letzten Endes von Qualität und Preis ab. Dublettenposten erbringen oft nur geringe Beträge, können aber auch für den Käufer eine Fundgrube sein.

*Ersttagsbriefe:*
Ersttagsbriefe werden von verschiedenen Postverwaltungen amtlich herausgegeben. Sie zeigen zumeist eine grafische Darstellung, die mit der Markenausgabe in direktem Zusammenhang steht. Ersttagsbriefe sind nur dann interessant, wenn sie den Ersttagsstempel der Markenausgabe vorweisen. Deshalb ist vor dem Kauf zu prüfen, ob Stempel und Ausgabedatum der auf dem Brief angebrachten Marke übereinstimmen. Diese Ausgabedaten sind in jedem Katalog verzeichnet. Brief-

umschläge, die mit einem Sonderstempel versehen sind und aus Anlaß besonderer Ereignisse von privat herausgegeben werden (Besuch der englischen Königin etc.), zählen nicht zu den Ersttagsbriefen. Sie sind nur Erinnerungsbelege!
Ersttagsbriefe der Deutschen Bundespost aus den ersten Jahren sind sehr gesucht und erzielen überaus gute Preise.
In der Bundesrepublik und in West-Berlin werden keine amtlichen Ersttagsbriefe von der Post herausgegeben. Die von privat angebotenen Ersttagsbriefe sind aber den amtlichen Ausgaben anderer Länder gleichzusetzen. Ersttagsbriefe werden auch unter der Bezeichnung »FDC« angeboten. Diese Abkürzung steht für »First Day Cover«, zu deutsch Ersttagsbrief.

106

*Ersttagsblätter:*
Von der Deutschen Bundespost werden amtliche Ersttagsblätter zum Verkauf gebracht. Diese Blätter enthalten neben der Marke mit Ersttagsstempel auch Angaben zur betreffenden Briefmarkenausgabe. Die Auflage dieser »ETB«, so die Abkürzung, bewegt sich in begrenztem Rahmen. Ersttagsblätter von West-Berlin aus den fünfziger Jahren sind gefragt.

*Ersttagsstempel:*
Damit bezeichnet man die Abstempelung einer Marke am Tage ihres erstmaligen Verkaufs am Postschalter. Es ist dabei nicht von Bedeutung, ob die Marke einen Sonderstempel trägt oder den gewöhnlichen Stempel eines Postamtes. In der Fachpresse werden jedoch beide Stempelarten unterschieden: EST = Ersttagsstempel, ESST = Erstagssonderstempel.

*Essay:*
Probedrucke, die vor der endgültigen Druckherstellung von einer Marke angefertigt werden, nennt man Essay. Dabei werden für die gleiche Darstellung unterschiedliche Farben oder Farbzusammenstellungen gewählt. Essays werden von Spezialisten besonders gesucht.

*Falz:*
Noch in den fünfziger Jahren wurden Marken mit Hilfe eines Falzes in Vordruckalben geklebt. Falze eignen sich bei den heutigen Qualitätsansprüchen nur noch für gebrauchte Postwertzeichen. Postfrische Marken mit Falz werden wesentlich niedriger bewertet als postfrische Marken ohne Falz. Beim Kauf sollte man auf Falzreste oder Entfalzungen achten!

*falzlos:*
Seit mehreren Jahrzehnten werden für den Sammler »Falzlosalben« angeboten, Alben, in die postfrische Marken im besonderen ohne Anbringung eines Falzes eingesteckt werden können. Diese Falzlosalben lösten die »Vordruckalben« nahezu gänzlich ab, weil die Marke dort nur mit Falz eingeklebt werden konnte.

*Falzreste:*
Nachdem, wie schon erwähnt, früher postfrische Marken mit Falz ins Album geklebt wurden, änderte sich dies durch die Entwicklung der Falzlosalben. Doch immer wieder wird versucht, den einmal angebrachten Falz nachträglich zu entfernen. Marken mit Falzresten sind in der Bewertung den Marken mit vollständigem Falz gleichzusetzen.

*Fehlliste:*
Sammler, die sich intensiv mit einem bestimmten Postgebiet beschäftigen, legen sich eine Fehlliste an. Sie enthält die Katalognummer der betreffenden Marke, die fehlt. Fehllisten sind sehr nützlich und können für wenige Pfennige bei jedem Briefmarkenkaufmann erworben werden.

*First Day Cover:*
Vergleiche hierzu die Anmerkung zu Ersttagsbriefe.

*Fluoreszierendes Papier:*
Dieser Papierart wird ein Leuchtstoff beigegeben, der unter der Analysenlampe sichtbar wird. Bei Ausgaben verschiedener Postverwaltungen gab es Marken, die auf Normal- als auch auf fluoreszierendem Papier gedruckt waren. Einige Exemplare mit Fluoreszenz sind erheblich teurer als gleiche Exemplare auf Normalpapier.

*Ganzsachen:*
Während es Postkarten und Briefe gibt, bei denen keine Frankatur durch Eindruck vorgegeben ist, werden auch Postkarten und Briefe in den Postverkauf gebracht, die die Frankatur als Eindruck vorweisen. Das Beispiel aus Polen (Seite 109) zeigt eine Postkarte mit vier eingedruckten Marken. Man spricht bei diesen sammelwürdigen Belegen von Ganzsachen, die in den letzten Jahren viele Freunde gefunden haben. Zur Auflockerung einer Sammlung gut geeignet.

*Gefälligkeitsstempel:*
Gefälligkeitsabstempelungen nehmen alle Postämter zu Sammlerzwecken vor. Versandstellen für Sammlermarken entwerten mit einem Ma-

Ganzsachen wie dieses Beispiel aus Polen, sind zur Auflockerung einer Sammlung gut geeignet.

schinenstempel, Postbeamte am Schalter mit dem Handstempel. Die
postfrischen Marken werden durch den Stempel entwertet, behalten
aber ihre Gummierung und können nicht mehr benutzt werden. Marken
mit Gefälligkeitsabstempelungen gelten als nicht echt gelaufen.

*Geschnitten:*
Vor allem die Länder des Ostblocks, einige Staaten Afrikas und Südame-
rikas geben geschnittene Briefmarken heraus, Marken, die keine Zäh-

nung vorweisen. Geschnittene Ausgaben gab es zu allen Zeiten. Wir zeigen Beispiele aus der Tschechoslowakei, aus Polen und die »Notopfermarke«, die nach dem Kriege in Deutschland Verwendung fand. Laien nehmen häufig an, daß Marken ohne »Zacken« wertlos wären. Das ist in keinem Fall richtig. Der Katalog gibt Auskunft, ob die Marke in geschnittener Form verkauft wurde.

## Gummierung:

Bei der Herstellung von Briefmarken wird heute auch eine Gummierung auf der Rückseite aufgetragen. In Notzeiten kam auch ein sogenannter Spargummi zur Anwendung. Wer eine qualitativ gute Sammlung besitzen will, sollte immer darauf achten, daß die Marken in ihrer Gummierung nicht verändert worden sind. Heute werden Marken nachgummiert. Allerdings gibt es auch einige Ausnahmen: Bei einigen älteren Ausgaben wurde das Gummi absichtlich entfernt, weil durch die Gummierung chemische Prozesse in Gang gesetzt wurden, die die Marke zerstörten.

## Heftchenbogen:

Viele Postverwaltungen bringen Markenheftchen zum Verkauf. Doch viele dieser im Heft aneinandergedruckten Marken stammen aus Heftchenbogen, Bogen, aus denen mehrere Heftchen hergestellt werden können.

## Jahreszusammenstellungen:

In den letzten Jahren bringen viele Postverwaltungen »Jahreszusammenstellungen« zum Verkauf. Darin sind alle Marken eines Gebietes enthalten, die in den letzten zwölf Monaten erschienen sind. Auch die Deutsche Bundespost (siehe Farbtafel) fand diese Idee nachahmenswert und verkauft ab 1973 diese Jahreszusammenstellungen, größtenteils mit einer philatelistischen Besonderheit angereichert.

## Markenheftchen:

Ein Markenheftchen bringt in den meisten Fällen Zusammendrucke von Marken verschiedener Portostufen. Heftchen können jedoch auch meh-

rere Marken gleicher Portostufen enthalten. Ältere Markenheftchen mit ihren Besonderheiten sind heute sehr gesucht.

*Maschinenstempel:*
Schon im vorigen Jahrhundert wurden Maschinenstempel eingesetzt, die mittlerweile zu den Selbstverständlichkeiten des Postverkehrs zählen (Rationalisierung). Viele Städte weisen mit einem Maschinenstempel auf Besonderheiten in ihren Mauern hin, wie unser Beispiel aus Coburg beweist.

*Mischfrankatur:*

Mischfrankaturen trifft man überaus häufig an. Ein Brief wird mit Marken unterschiedlicher Wertstufen versehen oder auch mit verschiedenen Marken gleicher Wertstufen. Einzelne Mischfrankaturen werden von Spezialisten gesucht.

*Mitläuferausgaben:*

Speziell zu den Europa-CEPT-Ausgaben sind in verschiedenen Ländern sogenannte Mitläuferausgaben erschienen, Marken, die sich mit der Europa-Thematik befassen, aber nicht zu den CEPT-Gemeinschaftsaus-gaben gerechnet werden.

*Portomarken:*

In einigen Ländern werden auch heute noch Portomarken herausgegeben. Sie werden von der Post vor der Zustellung auf die Briefe geklebt, die zu niedrig frankiert worden sind. Die Portomarkennennwerte sowie die Nachgebühr hat der Empfänger zu entrichten. Wir zeigen Portomarken der Kanalinsel Jersey, aus Italien und von Österreich.

*postfrisch:*

Eine postfrische Marke ist in dem Zustand, wie sie von der Post abgegeben wurde. Vergleiche hierzu den Absatz im Textteil.

*Randstück:*

Jeder Briefmarkenbogen hat vier Ränder. Marken, die mit einem Stückchen dieses Randes versehen sind, bezeichnet man als Randstücke, die besonders von Spezialisten gesammelt werden.

*repariert:*

Vor allen Dingen bei älteren Marken mit hohem Katalogwert kommt es häufiger vor, daß die Marken repariert worden sind, das heißt, Zähne wurden angesetzt, Risse mit Papier überklebt u. ä. Heute gibt es hervorragende Könner, die Marken so geschickt reparieren können, daß selbst der Fachmann die Ausbesserung mit bloßem Auge nicht bemerkt. Empfehlenswert ist immer eine Prüfung unter der Analyselampe, wo sich nahezu alle Veränderungen offenbaren. Mit reparierten Marken kann man Lücken in seiner Sammlung schließen, wenn die finanziellen Mittel für den Erwerb einwandfreier Stücke nicht ausreichen.

*RR:*
Diesem Kürzel begegnet man vornehmlich in Auktionskatalogen. Das Zeichen verweist auf die Seltenheit einer Ausgabe. Noch seltenere Exemplare werden mit der Abkürzung »RRR« beschrieben. Nicht immer stimmt die Verwendung derartiger Zeichen mit dem Sachverhalt überein. Sie werden auch als Verkaufstrick eingesetzt.

*Sonderstempel:*
Sonderstempel sind Stempel, die zu einem bestimmten Anlaß zur Verwendung kommen. Mit den angeblich wertvollen Sonderstempeln werden gerne Geschäfte gemacht (Messen, Ausstellungen etc.), sie steigern den Wert einer Marke aber kaum. Umschläge mit Sonderstempeln sind als Erinnerungsstücke zu betrachten.

114

*Schwarzdrucke:*

Seit Anfang der siebziger Jahre werden sogenannte Schwarzdrucke herausgegeben, die eine Marke zeigen, aber nicht zur Frankatur zugelassen sind und auch eine andere Farbe, eben schwarz, als die Originalmarke vorweisen.

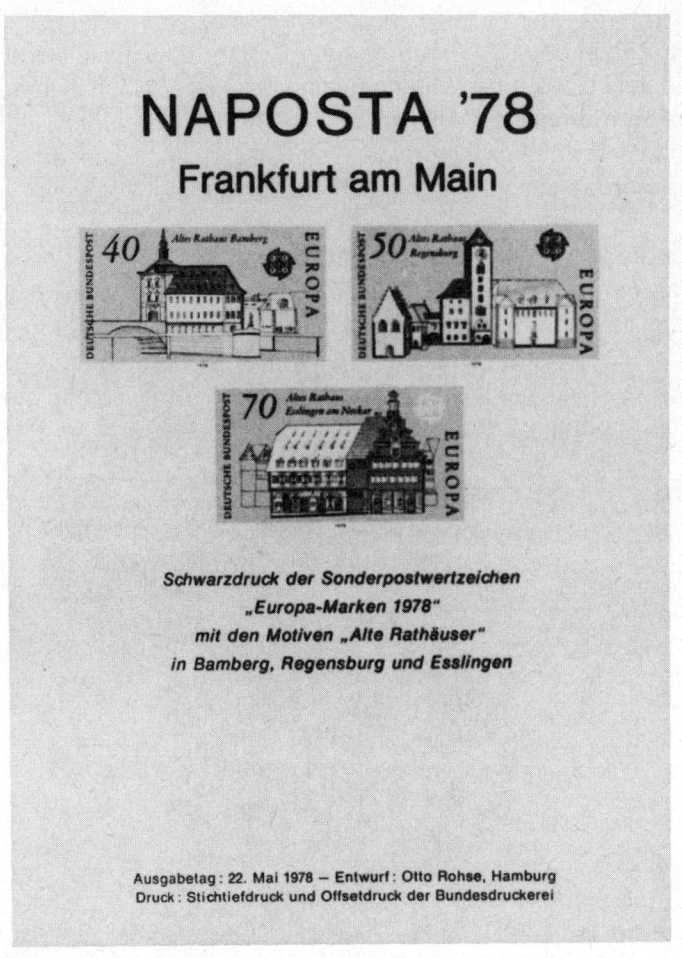

# NAPOSTA '78
## Frankfurt am Main

Schwarzdruck der Sonderpostwertzeichen
„Europa-Marken 1978"
mit den Motiven „Alte Rathäuser"
in Bamberg, Regensburg und Esslingen

Ausgabetag: 22. Mai 1978 – Entwurf: Otto Rohse, Hamburg
Druck: Stichtiefdruck und Offsetdruck der Bundesdruckerei

*Stockflecke:*

Durch unsachgemäße Lagerung oder klimatische Umstände können Marken nach einer gewissen Zeit mit Stockflecken versehen sein. Stockflecke sind Vergilbungserscheinungen, die fleckenartig die Marke überziehen. Eine Entfernung ist zwar in einigen Fällen möglich, doch sehr alte Schäden sind ohne Beeinträchtigung der Originalmarke kaum zu beheben.

*ungebraucht:*

Mit diesem Begriff wird leider heute oftmals manipuliert, weil viele Sammler glauben, ungebraucht sei gleich postfrisch. Dem ist aber nicht so. Eine ungebrauchte Marke kann auch einen Falz enthalten oder nachgummiert sein. Ungebrauchte Marken sind wesentlich billiger als postfrische Exemplare.

*ungezähnt:*

Eine ungezähnte Marke ist noch lange keine geschnittene Marke! Eine geschnittene Marke ist von der Post in dieser Form verausgabt, eine ungezähnte Marke aber weist keine Zähnung auf, weil die Perforation irrtümlich unterblieben ist. Ungezähnte Stücke (siehe auch Farbtafel »Raritätenkabinett«) zählen fast immer zu den größten Seltenheiten.

*Vignette:*

Zu besonderen Anlässen werden in den letzten Jahren mehr und mehr Vignetten herausgegeben. Vignetten sind Sonderdrucke, die keinen Fran-

78. Deutscher Philatelistentag
München
1977

katurwert besitzen und zumeist zur Finanzierung von Ausstellungen dienen. Ob sie in den Bereich »Philatelie« gehören, muß an dieser Stelle ungeklärt bleiben. Da aber auch schon Händler eine Unmenge dieser Vignetten aus Gründen der »Geldmache« herstellen ließen, dürfte das doch zu denken geben.

*Vorläufer:*
Der Vorläufer ist kein Sportler! Man bezeichnet damit Ausgaben, die vor einer von mehreren Postverwaltungen verausgabten Gemeinschaftsausgabe erschienen sind. Bestes Beispiel sind die Vorläufer der Europa-CEPT-Ausgaben oder zwei Sätze zum neuen Sammelgebiet »Donaukommission«, das 1977 viele Freunde fand, aber schon mit Marken aus Jugoslawien (1948) und Ungarn (1967) begonnen werden konnte.

*Wasserzeichen:*

Für viele ist das Wasserzeichen ein Buch mit sieben Siegeln. Das Wasserzeichen wurde zum Schutz gegen Fälschungen in das Papier »eingerastert«. In jedem Katalog sind die existierenden Wasserzeichen jedes Gebietes abgebildet. Zur Wasserzeichenerkennung träufelt man auf die Rückseite der Marke etwas Benzin. Es wird dann zumeist gut sichtbar. Aber Vorsicht: Manche Marken sind benzinempfindlich. Orientieren kann man sich in jedem Katalog, wo diese besonderen Angaben aufgeführt sind.

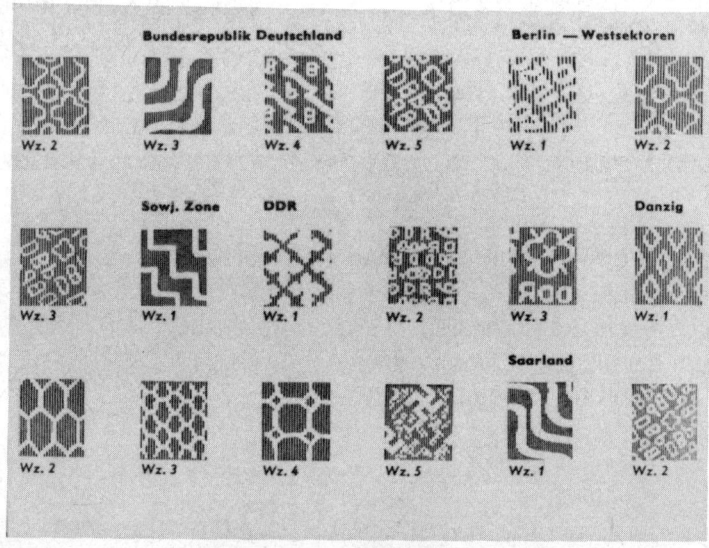

*Zusammendruck:*

Zusammendrucke sind eigentlich nicht besonders häufig anzutreffen. Die Deutsche Bundespost gab erst im Jahre 1978 den ersten Sondermarken-Zusammendruck heraus, den unsere Abbildung rechts zeigt. Eine Reihe von Scheichtümern am Persischen Golf druckten komplette Sätze in Zusammendruckbogen, doch diese Marken sind in gestempelter Ausführung nahezu wertlos und nur für Motivsammler von Interesse.

*Zwischensteg:*

Weist ein Druckstock eine solche Anordnung auf, daß zwischen den einzelnen Marken auch unbedruckte Papierreihen zurückbleiben, spricht
man von einem Zwischensteg. Marken mit Zwischensteg sind in einigen
Ländern herausgekommen und werden von Spezialisten gesucht, die
dafür ansehnliche Preise bewilligen.

# Gesamt-Programm

## Essen und Trinken

**Kalte und warme Vorspeisen**
einfach · herzhaft · raffiniert. (5045) Von
Karin Iden, 64 S., 43 Farbfotos,
Pappband. DM 12,80/S 99.–

**Köstliche Suppen**
für jede Tages- und Jahreszeit. (5122)
Von Elke Fuhrmann, 64 S., 38 Farbfotos,
Pappband. DM 12,80/S 99.–

**Kochen, was allen schmeckt**
1700 Koch- und Backrezepte für jede
Gelegenheit. (4098) Von Anneliese und
Gerhard Eckert, 796 S., 196 Farbtafeln,
Pappband. DM 24,80/S 198.–

Falken-Handbuch
**Kochen nach allen Regeln der Kunst**
Das moderne Grundkochbuch mit über
1000 Farbbildern. (4143) Von Margrit
Gutta, 624 S., über 1000 farbige Abb.,
gebunden. DM 78,–/S 598.–

**Brunos beste Rezepte**
– rund ums Jahr (4154) Von Bruno
Henrich, 136 S., 15 Farbfotos, kart.
DM 14,80/S 119.–

**Was koche ich heute?**
Neue Rezepte für Fix-Gerichte. (0608)
Von Annette Badelt-Vogt, 112 S.,
16 Farbtafeln, kart. DM 9,80/S 79.–

**Kochen für 1 Person**
Rationell wirtschaften,
abwechslungsreich und schmackhaft
zubereiten. (0586) Von Marianne Nicolin,
136 S., 8 Farbtafeln, 20 Zeichnungen,
kart. DM 9,80/S 79.–

**Gesunde Kost aus dem Römertopf**
(0442) Von Jutta Kramer, 128 S.,
8 Farbtafeln, 13 Zeichnungen, kart.
DM 8,80/S 74.–

**Nudelgerichte**
– lecker, locker, leicht zu kochen. (0466)
Von Christiane Stephan, 80 S.,
8 Farbtafeln, kart. DM 7,80/S 69.–

**Omas Küche und unsere Küche heute**
(4089) Von J. Peter Lemcke, 160 S.,
8 Farbtafeln, 95 Zeichnungen, Pappband.
DM 24,80/S 198.–

**Die besten Eintöpfe und Aufläufe**
(5079) Von Anneliese und Gerhard
Eckert, 64 S., 49 Farbfotos, Pappband.
DM 12,80/S 99.–

**Hobby-Kochbuch für Tiefkühlkost**
(0302) Von Ruth Vollmer-Ruprecht,
104 S., 8 Farbtafeln, kart.
DM 8,80/S 74.–

**Schnelle Küche**
(4095) Von Anneliese und Gerhard
Eckert, 136 S., 15 Farbtafeln, 61 Zeichnungen, kart., DM 12,80/S 99.–

**Schnell gekocht – gut gekocht**
mit vielen Rezepten für Schnellkochtöpfe
und Schnellbratpfannen. (0265) Von
Irmgard Persy, 96 S., 8 Farbtafeln, kart.
DM 7,80/S 69.–

**Kochen und backen im Heißluftherd**
Vorteile, Gebrauchsanleitung, Rezepte.
(0516) Von Katharina Kölner, 72 S.,
8 Farbtafeln, kart. DM 7,80/S 69.–

**Das neue Mikrowellen-Kochbuch**
(0434) Von Hermann Neu, 64 S.,
4 Farbtafeln, kart. DM 6,80/S 59.–

**Ganz und gar mit Mikrowellen**
(4094) Von Tina Peters, 208 S.,
24 Farbfotos, kart. DM 29,80/S 239.–

**Gesund kochen**
wasserarm · fettfrei · aromatisch.
(4060) Von Margrit Gutta, 240 S.,
16 Farbtafeln, Pappband.
DM 19,80/S 159.–

**Alternativ essen**
Die gesunde Sojaküche. (0553) Von Uwe
Kolster, 112 S., 8 Farbtafeln, kart.
DM 9,80/S 79.–

**Kräuter- und Heilpflanzen-Kochbuch**
für eine gesunde Lebensweise. (4066)
Von Pia Pervenche, 143 S., 15 Farbtafeln,
kart. DM 12,80/S 99.–

**Natursammlers Kochbuch**
Wildfrüchte und -gemüse, Pilze, Kräuter
– finden und zubereiten. (4040) Von
Christa-Maria Kerler, 140 S., 12 Farbtafeln, gebunden. DM 19,80/S 159.–

**Miekes Kräuter- und
Gewürzkochbuch**
(0323) Von Irmgard Persy und Klaus
Mieke, 96 S., 8 Farbtafeln, kart.
DM 8,80/S 74.–

Haltbar machen durch **Trocknen und
Dörren**
(0696) Von Maren Bustorf-Hirsch, 32 S.,
42 Farbfotos, Spiralbindung.
DM 7,80/ S 69.–

**Alles über Einkochen, Einlegen,
Einfrieren**
Gesund und herzhaft. (4055) Von Birgit
Müller, 152 S., 16 Farbtafeln, kart.
DM 12,80/S 99.–

**Einkochen**
nach allen Regeln der Kunst. (0405) Von
Birgit Müller, 128 S., 8 Farbtafeln, kart.
DM 9,80/S 79.–

**Das neue Fritieren**
geruchlos, schmackhaft und gesund.
(0365) Von Petra Kühne, 96 S.,
8 Farbtafeln, kart. DM 7,80/S 69.–

**Weltmeister-Soßen**
Die Krönung der feinen Küche. (0357)
Von Giovanni Cavestri, 96 S.,
14 Farbtafeln, kart. DM 9,80/S 79.–

**Wildgerichte**
einfach bis raffiniert. (5115) Von Margrit
Gutta, 64 S., 43 Farbfotos, Pappband.
DM 12,80/S 99.–

**Geflügel**
Die besten Rezepte aus aller Welt. (5050)
Von Margrit Gutta, 64 S., 32 Farbfotos,
Pappband. DM 12,80/S 99.–

**Raffinierte Steaks**
und andere Fleischgerichte. (5043) Von
Gerhard Eckert, 64 S., 43 Farbfotos,
Pappband. DM 12,80/S 99.–

Mehr Freude und Erfolg beim **Grillen**
(4141) Von Alfred Berliner, 160 S.,
147 Farbfotos, 10 farbige Zeichnungen,
Pappband. DM 24,80/S 198.–

**Grillen**
– drinnen und draußen. (4047) Von Claus
Arius, 152 S., 30 Farbtafeln, kart.
DM 12,80/S 99.–

**Grillen**
Fleisch · Fisch · Beilagen · Soßen. (5001)
Von Elke Fuhrmann, 64 S., 38 Farbfotos,
Pappband. DM 12,80/S 99.–

**Chinesisch kochen**
Schmackhafte Rezepte für die
abwechslungsreiche Küche. (5011) Von
Anneliese und Gerhard Eckert, 64 S.,
57 Farbfotos, Pappband.
DM 12,80/S 99.–

**Chinesisch kochen**
mit dem WOK-Topf und dem Mongolen-
Topf. (0557) Von Christiane Korn, 64 S.,
8 Farbtafeln, kart. DM 7,80/S 69.–

**Japanische Küche**
schmackhaft und bekömmlich. (5087)
Von Hiroko Toi, 64 S., 36 Farbfotos,
Pappband. DM 12,80/S 99.–

**Ostasiatische Küche**
schmackhaft, bekömmlich und vielseitig.
(5066) Von Taki Sozuki, 64 S., 39 Farbfotos, Pappband. DM 12,80/S 99.–

**Nordische Küche**
Speisen und Getränke von der Küste.
(5082) Von Jutta Kürtz, 64 S., 44 Farbfotos, Pappband. DM 12,80/S 99.–

**Deutsche Spezialitäten**
(5025) Von Elke Fuhrmann, 64 S.,
52 Farbfotos, Pappband.
DM 12,80/S 99.–

**Französisch kochen**
(5016) Von Margrit Gutta, 64 S.,
35 Farbfotos, Pappband.
DM 12,80/S 99.–

**Französische Küche**
(0685) Von Margrit Gutta, 96 S.,
16 Farbtafeln, kart., DM 8,80/S 74.–

Kochen und würzen mit **Knoblauch**
(0725) Von A. und G. Eckert, 96 S.,
8 Farbtafeln, kart. DM 7,80/S 69.–

Schlemmerreise durch die
**italienische Küche**
(4172) Von Velio Pifferi, 160 S.,
109 Farbfotos, Pappband.
DM 24,80/ S 198.–

**Italienische Küche**
(5026) Von Margrit Gutta, 64 S.,
35 Farbfotos, Pappband.
DM 12,80/S 99.–

**Portugiesische Küche**
und Weine · Kulinarische Reise durch
Portugal. (0607) Von Enrique Kasten,
96 S., 16 Farbtafeln, kart.
DM 9,80/S 79.–

**Raffinierte Rezepte mit Oliven**
(5119) Von Lutz Helger, 64 S.,
53 Farbfotos, 4 Zeichnungen, Pappband.
**DM 14,80**/S 119.–

**Köstliche Pizzas, Toasts, Pasteten**
(5081) Von Anneliese und Gerhard
Eckert, 64 S., 48 Farbfotos, Pappband.
**DM 12,80**/S 99.–

**Internationale Spezialitäten**
(4130) Von Christine Schönherr, 240 S.,
116 Farbfotos, gebunden.
**DM 48,–**/S 398.–

**Köstliche Pilzgerichte**
Rezepte für die meistvorkommenden
Speisepilze. (5133) Von Valerie Spicker-
Noack, Martin Knoop, 64 S., 52 Farb-
fotos, Pappband. **DM 12,80**/S 99.–

**Am Tisch zubereitet**
(4152) Von Ilse Otto, 208 S.,
12 Farbtafeln, 17 s/w-Fotos, Pappband.
**DM 24,80**/S 198.–

**Fondues**
(5006) Von Eva Exner, 64 S., 50 Farbfotos, Pappband. **DM 12,80**/S 99.–

**Fondues**
und fritierte Leckerbissen. (0471) Von
Stefanie Stein, 80 S., 8 Farbtafeln, kart.
**DM 6,80**/S 59.–

**Fondues · Raclettes · Flambiertes**
(4081) Von Renate Peiler und Marie-
Louise Schult, 136 S., 15 Farbtafeln,
28 Zeichnungen, kart. **DM 12,80**/S 99.–

**Neue, raffinierte Rezepte mit dem
Raclettegrill**
(0558) Von Lutz Helger, 56 S., 8 Farbtafeln, kart. **DM 7,80**/S 69.–

**Rezepte rund um Raclette und Hobby-
Rechaud**
(0420) Von Jack W. Hochscheid, 72 S.,
15 Farbtafeln, kart. **DM 7,80**/S 69.–

**Die große farbige Kalte Küche**
Vom Partyhappen zum Kalten Buffet
(4134) Von Christine Schönherr, 400 S.,
über 220 farbigen Abb., gebunden
**DM 33,–**/S 268.–

**Kleine Kalte Küche**
für Alltag und Feste. (5097) Von
Anneliese und Gerhard Eckert, 64 S.,
45 Farbfotos, Pappband.
**DM 12,80**/S 99.–

**Kalte Platten**
(4064) Von Maitre Pierre Pfister, 240 S.,
135 großformatige Farbfotos, gebunden.
**DM 48,–**/S 398.–

**Kalte Platten – Kalte Büfetts**
(5015) Von Margrit Gutta, 64 S.,
34 Farbfotos, Pappband.
**DM 12,80**/S 99.–

**Kalte Happen**
und Partysnacks. (5029) Von Dolly
Peters. 64 S., 35 Farbfotos, Pappband.
**DM 12,80**/S 99.–

**Salate**
(4119) Von Christine Schönherr, 240 S.,
115 Farbfotos, gebunden.
**DM 48,–**/S 389.–

**Salate für alle Gelegenheiten**
(5002) Von Elke Fuhrmann, 64 S.,
47 Farbfotos, Pappband.
**DM 12,80**/S 99.–

**111 köstliche Salate**
Erprobte Rezepte mit Pfiff. (0222) Von
Christine Schönherr, 96 S., 8 Farbtafeln,
30 Zeichnungen, kart. **DM 8,80**/S 74.–

**Salate**
Das köstlich knackige Schlemmer-
vergnügen. (4165) Von Veronika Müller,
160 S., 79 Farbfotos, Pappband,
**DM 24,80**/S 198.–

**Desserts**
(5020) Von Margrit Gutta, 64 S.,
38 Farbfotos, Pappband.
**DM 12,80**/S 99.–

**Süße Nachspeisen**
(0601) Von Petra Lohmann, 96 S.,
8 Farbtafeln, 28 Zeichnungen, kart.
**DM 8,80**/S 74.–

**Crêpes, Omeletts und Soufflés**
Pikante und süße Spezialitäten. (5131)
Von Jutta Rosenkranz, 64 S., 45 Farb-
fotos, Pappband. **DM 12,80**/S 99.–

**Backen**
(4113) Von Margrit Gutta, 240 S.,
123 Farbfotos, gebunden.
**DM 48,–**/S 398.–

**Kuchen und Torten**
(5067) Von Marlies Sauerborn, 64 S.,
79 Farbfotos, Pappband.
**DM 12,80**/S 99.–

**Schönes Hobby: Backen**
Erprobte Rezepte mit modernen
Backformen. (0451) Von Elke Blome,
96 S., 8 Farbtafeln, kart.
**DM 7,80**/S 69.–

**Kleingebäck**
Plätzchen · Kekse · Guetzli. (5089) Von
Margrit Gutta, 64 S., 50 Farbfotos,
Pappband. **DM 12,80**/S 99.–

**Weihnachtsbäckerei**
Köstliche Plätzchen, Stollen,
Honigkuchen und Festtagstorten. (0682)
Von Marlies Sauerborn, 32 S., 34 Farb-
fotos, Spiralbindung. **DM 6,80**/S 59.–

**Waffeln**
süß und pikant. (0522) Von Christiane
Stephan, 64 S., 4 Farbtafeln, kart.
**DM 6,80**/S 59.–

Mehr Freude und Erfolg beim
**Brotbacken**
(4148) Von Anneliese und Gerhard
Eckert, 160 S., 177 Farbfotos, Pappband.
**DM 24,80**/S 198.–

**Brotspezialitäten**
knusprig backen – herzhaft kochen.
(5088) Von Jack W. Hochscheid und Lutz
Helger, 64 S., 50 Farbfotos, Pappband.
**DM 12,80**/S 99.–

**Selbst Brotbacken**
Über 50 erprobte Rezepte. (0370) Von
Jens Schiermann, 80 S., 6 Zeichnungen,
4 Farbtafeln, kart. **DM 6,80**/S 59.–

**Meine Vollkornbackstube**
Brot · Kuchen · Aufläufe. (0616) Von Rita
Raffelt, 96 S., 4 Farbtafeln, 4 s/w-Fotos,
8 Zeichnungen, kart. **DM 6,80**/S 59.–

**Backen, was allen schmeckt**
Kuchen, Torten, Gebäck und Brot
(4166) Von Elke Blome, 556 S., 40 Farbtafeln, Pappband. **DM 19,80**/S 159.–

**Kochen für Diabetiker**
Gesund und schmackhaft für die ganze
Familie. (4132) Von M. Toeller,
W. Schumacher, A. C. Groote, 224 S.,
109 Farbfotos, 94 Zeichnungen,
gebunden. **DM 26,80**/S 218.–

**Neue Rezepte für Diabetiker-Diät**
Vollwertig – abwechslungsreich –
kalorienarm. (0418) Von Monika
Oehlrich, 120 S., 8 Farbtafeln, kart.
**DM 9,80**/S 79.–

**Schlemmertips für Figurbewußte**
(0680) Von Volker Kahn, 64 S.,
8 Farbtafeln, kart. **DM 9,80**/S 79.–

**Wer schlank ist, lebt gesünder**
Tips und Rezepte zum Schlankwerden
und -bleiben. (0562) Von Renate Mainer,
80 S., 8 Farbtafeln, kart.
**DM 8,80**/S 74.–

**Kalorien – Joule**
Eiweiß · Fett · Kohlenhydrate
tabellarisch nach gebräuchlichen
Mengen. (0374) Von Marianne Bormio,
88 S., kart., **DM 5.80**/49.–

**Die 4444-Joule-Diät**
Schlankessen mit Genuß. (0530) Von
Hans J. Fahrenkamp, 160 S., 8 Farb-
tafeln, kart., **DM 9,80**/S 79.–

**Alles mit Joghurt**
tagfrisch selbstgemacht. Mit vielen
Rezepten. (0382) Von Gerda Volz, 88 S.
8 Farbtafeln, kart., **DM 7,80**/S 69.–

**Die Brot-Diät**
Ein Schlankheitsplan ohne Extreme.
(0452) Von Prof. Dr. Dr. Erich Menden und
Waltraud Aign, 92 S., 8 Farbtafeln, kart
**DM 7,80**/S 69.–

**Rohkost**
abwechslungsreich · schmackhaft ·
gesund. (5044) Von Ingrid Gabriel, 64 S.
53 Farbfotos, Pappband.
**DM 12.80**/S 99.–

**Neue Cocktails und Drinks**
mit und ohne Alkohol. (0517) Von
Siegfried Späth, 128 S., 4 Farbtafeln,
kart., **DM 9,80**/S 79.–

**Mixen mit und ohne Alkohol**
(5017) Von Holger Hofmann, 64 S.,
35 Farbfotos, Pappband.
**DM 12.80**/S 99.–

**Cocktails und Mixereien**
(0075) Von Jonny Walker, 104 S.,
4 Farbtafeln, kart. **DM 6,80**/S 59.–

**Die besten Punsche, Grogs und
Bowlen**
(0575) Von Friedel Dingden, 64 S.,
2 Farbtafeln, kart. **DM 6,80**/S 59.–

**Weinlexikon**
Wissenswertes über die Weine der Welt.
(4149) Von Urban Keller, 228 S.,
6 Farbtafeln, 395 s/w-Fotos, Pappband.
**DM 29,80**/S 239.–

**Köstliches Lebenselixier Wein**
(2204) Von Heinz Steffan, 80 S.,
73 Farbfotos, Pappband.
**DM 9,80**/S 85.–

Von der Romantik der blauen Stunde
**Cocktails und Drinks**
(2209) Von Siegfried Späth, 80 S.,
25 Farbfotos und Zeichnungen, Pappband. **DM 9,80**/S 85.–

Vom Genuß des braunen Goldes **Kaffee**
(2213) Von Helmut Strutzmann, 80 S.,
49 Fotos, Pappband. **DM 9,80**/S 85.–

**Kaffee für Genießer**
(0492) Von Christiane Barthel, 88 S.,
8 Farbtafeln, kart. **DM 6,80**/S 59.–

Die Preise entsprechen dem Status beim Druck dies

**Heißgeliebter Tee**
Sorten, Rezepte und Geschichte. (4114)
Von Curt Maronde, 153 S., 16 Farbtafeln,
93 Zeichnungen, gebunden.
**DM 24,80**/S 198.–

**Tee für Genießer**
Sorten · Riten · Rezepte. (0356) Von
Marianne Nicolin, 64 S., 4 Farbtafeln,
kart. **DM 5,80**/S 49.–

**Tee**
Herkunft · Mischungen · Rezepte. (0515)
Von Sonja Ruske, 96 S., 4 Farbtafeln,
viele Abbildungen, Pappband.
**DM 9,80**/S 79.–

**Vom höchsten Genuß des Teetrinkens**
(2201) Von Inge Ubenauf, 80 S.,
57 Farbfotos, Pappband.
**DM 9,80**/S 85.–

**Mitbringsel aus meiner Küche**
(0668) Von Christine Schönherr, 32 S.,
30 Farbfotos, Spiralbindung.
**DM 7,80**/S 69.–

**Kinder lernen spielend backen**
(5110) Von Margrit Gutta, 64 S.,
50 Farbfotos, Pappband.
**DM 12,80**/S 99.–

**Kinder lernen spielend kochen**
(5096) Von Margrit Gutta, 64 S.,
45 Farbfotos, Pappband.
**DM 12,80**/S 99.–

**Biologisch Backen**
Neue Rezeptideen für Kuchen, Brote,
Kleingebäck aus vollem Korn
(4174) Von Maren Bustorf-Hirsch, 136 S.,
15 Farbtafeln, 47 Zeichnungen, kart.
**DM 14,80**/S 119.–

**Das Reformhaus-Kochbuch**
Gesunde Ernährung mit hochwertigen
Naturprodukten
(4180) Von A. u. G. Eckert, 160 S.,
15 Farbtafeln, Pbd., **DM 24,80**/S 198.–

**Biologische Ernährung**
für eine natürliche und gesunde
Lebensweise. (4125) Von C. Leibold,
136 S., 15 Farbtafeln, 47 Zeichnungen,
kart. **DM 12,80**/S 99.–

**Biologisch Kochen**
– vitaminreich und naturbelassen (4162)
Von Maren Bustdorf-Hirsch und Karin
Siegel, 144 S., 15 Farbtafeln, 51 Zeichnungen, kart., **DM 14,80**/S 119.–

Gesund leben – schlank werden mit der
**Bio-Kur**
(0657) Von Sylvia Winter, 144 S.,
48 Farbtafeln, kart. **DM 9,80**/S 79.–

# Hobby

**Aquarellmalerei**
als Kunst und Hobby. (4147) Von
Horst Haack und Brigitte Wersche,
136 S., 62 Farbfotos, 119 Zeichnungen,
gebunden **DM 39,–**/S 319.–

**Aquarellmalerei**
Materialien · Techniken · Motive.
(5099) Von Thomas Hinz, 64 S., 79
Farbfotos, Pappband. **DM 12,80**/S 99.–

**Naive Malerei**
leicht gemacht. (5083) Von Felizitas
Krettek, 64 S., 76 Farbfotos, Pappband.
**DM 12,80**/S 99.–

**Zeichnen Sie mal – malen Sie mal.**
(5095) Von Ferry Ahrlé und Volker Kühn,
112 S., 16 Farbtafeln, viele Zeichnungen,
kart. **DM 14,80**/S 119.–

**Bauernmalerei**
als Kunst und Hobby. (4057) Von
Arbo Gast und Hannie Stegmüller, 128 S.,
239 Farbfotos, 26 Riß-Zeichnungen,
gebunden. **DM 39,–**/S 319.–

**Hobby-Bauernmalerei**
(0436) Von Senta Ramos und Jo Roszak,
80 S., 116 Farbfotos und 28 Motivvorlagen, kart. **DM 19,80**/S 159.–

**Bauernmalerei**
Kreatives Hobby nach alter Volkskunst
(5039) Von Senta Ramos, 64 S.,
78 Farbfotos, Pappband.
**DM 12,80**/S 99.–

**Glasmalerei**
als Kunst und Hobby. (4088) Von
Felizitas Krettek und Suzanne Beeh-
Lustenberger, 132 S., 182 Farbfotos,
36 Motivvorlagen, gebunden.
**DM 39,–**/S 319.–

**Glasritzen**
Materialien, Formen, Motive. (5109) Von
Gerlind Mégroz, 64 S., 110 Farbfotos,
15 Zeichnungen, Pappband.
**DM 14,80**/S 119.–

**Brandmalerei**
leicht gemacht. (5106) Von Klaus
Reinhardt, 64 S., 68 Farbfotos, 23 Zeichnungen, Pappband. **DM 12,80**/S 99.–

**Zauberhafte Seidenmalerei**
Materialien · Techniken · Gestaltungsvorschläge. (0664) Von Erika Dorn,
32 S., 62 Farbfotos, Spiralbindung.
**DM 6,80**/S 59.–

**Hobby Seidenmalerei**
(0611) Von Renate Henge, 88 S.,
106 Farbfotos, 28 Zeichnungen, kart.
**DM 19,80**/S 159.–

**Hobby Stoffdruck und Stoffmalerei**
(0555) Von Anneliese Ursin, 80 S.,
68 Farbfotos, 68 Zeichnungen, kart.
**DM 19,80**/S 159.–

**Stoffmalerei und Stoffdruck**
leicht gemacht. (5074) Von Heide
Gehring, 64 S., 110 Farbfotos, Pappband.
**DM 12,80**/S 99.–

**Batik**
leicht gemacht. (5112) Von Arbo Gast,
64 S., 105 Farbfotos, Pappband.
**DM 12,80**/S 99.–

**Schöne Geschenke selbermachen**
(4128) Von Marlene Kühnle, 128 S.,
278 Farbfotos, 85 farbige Zeichnungen,
gebunden. **DM 39,–**/S 319.–

**Schöne Sachen selbermachen**
88 Ideen zum Modellieren und Verschenken. (5117) Von Evelyn Guder-
Thelen, 64 S., 73 Farbfotos, Pappband.
**DM 12,80**/S 99,–

**Flechten**
mit Bast, Stroh und Peddigrohr. (5098)
Von Hanne Hangleiter, 64 S.,
47 Farbfotos, 76 Zeichnungen,
Pappband. **DM 12,80**/S 99,–

**Makramee**
als Kunst und Hobby. (4085) Von Eva
Andersen, 128 S., 114 Farbfotos,
157 s/w-Fotos, gebunden.
**DM 39,–**/S 319,–

**Makramee**
Knüpfarbeiten leicht gemacht.
(5075) Von Birte Pröttel, 64 S., 95 Farbfotos, Pappband. **DM 12,80**/S 99,–

**Häkeln**
Schritt für Schritt für Rechts- und Linkshänder. (5134) Von Hella Klaus, 64 S.,
120 Farbfotos, 144 Zeichnungen,
Pappband. **DM 14,80**/S 119,–

**Häkeln und Makramee**
Techniken · Geräte · Arbeitsmuster .
(0320) Von Dr. Marianne Stradal, 104 S.,
191 Abbildungen und Schemata, kart.
**DM 6,80**/S 59,–

**Sticken**
Schritt für Schritt für Rechts- und Linkshänder. (5135) Von Ute Werner, 64 S.,
196 Farbfotos, 96 Zeichnungen,
Pappband. **DM 14,80**/S 119,–

Falken-Handbuch **Stricken**
ABC der Stricktechniken und Strick-
muster in ausführlichen Schritt-für-
Schritt-Bildfolgen. (4137) Von Maria
Natter, 312 S., 32 Farbtafeln, über 800
Fotos und Zeichnungen, Pappband.
**DM 29,80**/S 239,–

**Selbstgestrickte Puppen**
Materialien und Arbeitsanleitungen.
(0638) Von Bertl Wehrle, 32 S., 23 Farbfotos, 24 Zeichnungen, Spiralbindung.
**DM 6,80**/S 59,–

**Strick mit!**
Ein Kurs für Anfänger. (5094) Von Birte
Pröttel, 120 S., 72 Farbfotos, 188 s/w-
Abb., kart. **DM 14,80**/S 119,–

**Stoff- und Kuscheltiere**
stricken, häkeln, nähen. (5090) Von Birte
Pröttel, 64 S., 50 Farbfotos, Pappband.
**DM 12,80**/S 99,–

**Textiles Gestalten**
Weben, Knüpfen, Batiken, Sticken,
Objekte und Strukturen. (5123) Von
Johann Fricke, 136 S., 67 Farb- und
189 s/w-Fotos, 15 Zeichnungen, kart.
**DM 16,80**/S 139,–

**Gestalten mit Glasperlen**
Fädeln · Sticken · Weben (0640) Von
Angelika Köhler, 32 S., 55 Farbfotos,
Spiralbindung. **DM 6,80**/S 59,–

**Marionetten**
Entwerfen · Gestalten · Führen (5118)
Von Axel Krause und Alfred Bayer, 64 S.,
83 Farbfotos, 2 s/w-Fotos, 40 Zeichnungen, Pappband. **DM 14,80**/S 119,–

**Arbeiten mit Ton**
(5048) Von Johann Fricke, 128 S.,
15 Farbtafeln, 166 s/w-Fotos, kart.
**DM 14,80**/S 119,–

## Töpfern
als Kunst und Hobby. (4073) Von Johann Fricke, 132 S., 37 Farbfotos, 222 s/w-Fotos, gebunden. **DM 29,80/S 239,–**

**Neue zauberhafte Salzteig-Ideen**
(0719) Von Isolde Kiskalt, 80 S., 320 Farbfotos, 12 Zeichnungen, kart., **DM 19,80/S 159,–**

**Hobby Salzteig**
(0662) Von Isolde Kiskalt, 80 S., 150 Farbfotos, 5 Zeichnungen, Schablonen, kart. **DM 19,80/S 159,–**

**Gestalten mit Salzteig**
Formen · Bemalen · Lackieren. (0613) Von Wolf-Ulrich Cropp, 32 S., 56 Farbfotos, 17 Zeichnungen, Spiralbindung. **DM 7,80/S 69,–**

**Buntbemalte Kunstwerke aus Salzteig**
Figuren, Landschaften und Wandbilder. (5141) Von Gabi Belli, 64 S., 165 Farbfotos, 1 Zeichnung, Pappband. **DM 12,80/S 99,–**

**Tiffany-Lampen selbermachen**
(0684) Von Ingeborg Spliethoff, 32 S., 60 Farbfotos, Spiralbindung. **DM 7,80/S 69,–**

**Kerzen und Wachsbilder**
gießen · modellieren · bemalen. (5108) Von Christa Riess, 64 S., 110 Farbfotos, Pappband. **DM 12,80/S 99,–**

**Zinngießen**
leicht gemacht. (5076) Von Käthi Knauth, 64 S., 85 Farbfotos, Pappband. **DM 12,80/S 99,–**

**Schmuck und Objekte aus Metall und Email**
(5078) Von Johann Fricke, 120 S., 183 Abbildungen, kart. **DM 16,80/S 139,–**

**Leder**
schneiden · prägen · besticken. (5125) Von Karl-Heinz Bühler, 64 S., 54 Farbfotos, 32 Zeichnungen, Pappband. **DM 14,80/S 119,–**

**Hobby Holzschnitzen**
Von der Astholzfigur zur Vollplastik. (5101) Von Heinz-D. Wilden, 112 S., 16 Farbtafeln, 135 s/w-Fotos, kart. **DM 16,80/S 139,–**

**Papiermachen**
ein neues Hobby. (5105) Von Ralf Weidenmüller, 64 S., 84 Farbfotos, 9 s/w-Fotos, 14 Zeichnungen, Pappband. **DM 14,80/S 119,–**

Falken-Handbuch **Heimwerken**
Reparieren und selbermachen in Haus und Wohnung – über 1100 Farbfotos. Sonderteil: Praktisches Energiesparen. (4117) Von Thomas Pochert, 440 S., 1103 Farbfotos. 100 ein- und zweifarbige Abb., gebunden. **DM 49,–/S 398,–**

**Restaurieren von Möbeln** Stilkunde, Materialien, Techniken, Arbeitsanleitungen. (4120) Von Ellinor Schnaus-Lorey, 152 S., 418 Zeichnungen, s/w-und Farbfotos, gebunden. **DM 39,–/S 319,–**

**Möbel aufarbeiten, reparieren, pflegen**
(0386) Von Ellinor Schnaus-Lorey, 96 S., 28 Fotos und 101 Zeichnungen, kart., **DM 6,80/S 59,–**

**Gestalten mit Naturmaterialien**
Zweige, Kerne, Federn, Muscheln und anderes. (5128) Von Ilse Krohn, 64 S., 101 Farbfotos, 11 farbige Zeichnungen, Pappband. **DM 14,80/S 119,–**

**Dauergestecke**
mit Zweigen, Trocken- und Schnittblumen. (5121) Von Gabriele Vocke, 64 S., 57 Farbfotos, Pappband. **DM 14,80/S 119,–**

**Blumengestecke im Ikebanastil**
(5041) Von Gabriele Vocke, 64 S., 37 Farbfotos, viele Zeichnungen, kart. **DM 14,80/S 119,–**

**Trockenblumen und Gewürzsträuße**
(5084) Von Gabriele Vocke, 64 S., 63 Farbfotos, Pappband. **DM 12,80/S 99,–**

**Hobby Trockenblumen**
Gewürzsträuße, Gestecke, Kränze, Buketts. (0643) Von Rosemie Strobel-Schulze, 88 S., 170 Farbfotos, kart. **DM 19,80/S 159,–**

**Hobby Gewürzsträuße**
Zauberhafte Gebinde nach Salzburger Art (0726) Von Anneliese Ott, 80 S., 101 Fotos, 51 Zeichnungen, kart., **DM 19,80/S 159,–**

**Modellieren**
mit selbsthärtendem Material. (5085) Von Klaus Reinhardt, 64 S., 93 Farbfotos, Pappband. **DM 12,80/S 99,–**

**Formen mit Backton**
Töpfern ohne Brennofen. (0612) Von Angelika Köhler, 32 S., 51 Farbfotos, Spiralbindung. **DM 7,80/S 69,–**

**Keramik kreativ gestalten**
(5072) Von Ewald Stark, 64 S., 117 Farbfotos, Pappband. **DM 12,80/S 99,–**

**Formen gießen und bemalen**
(0639) Von Heidemarie Berger, 32 S., 46 Farbfotos, Spiralbindung. **DM 6,80/S 59,–**

**Porzellanpuppen**
Zauberhafte alte Puppen selbst nachbilden. (5138) Von Carol Ann und Debbie Stanton, 64 S., 58 Farbtafeln, 22 Zeichnungen, Pappband. **DM 16,80/S 139,–**

**Vogelhäuschen, Nistkästen, Vogeltränken** mit Plänen und Anleitungen zum Selbstbau. (0695) Von Joachim Zech, 32 S., 42 Farbfotos, 5 Zeichnungen, Spiralbindung. **DM 7,80/S 69,–**

## Das Herbarium
Pflanzen sammeln, bestimmen und pressen. Gestalten mit Blüten, Blättern und Gräsern. (5113) Von Ingrid Gabriel, 96 S., 140 Farbtafeln, 6 farbige Zeichnungen, Pappband. **DM 16,80/S 139,–**

**Ikebana**
Einführung in die japanische Kunst des Blumensteckens. (0548) Von Gabriele Vocke, 152 S., 47 Farbfotos, kart. **DM 19,80/S 159,–**

**Origami**
die Kunst des Papierfaltens. (0280) Von Robert Harbin, 160 S., über 600 Zeichnungen, kart. **DM 9,80/S 79,–**

**Advent und Weihnachten**
Basteln – Backen – Schmücken – Feuern (4067) Von Margrit Gutta, Hanne Hangleiter, Felicitas Buttig, Ingeborg Rathmann, Gabriele Vocke, 152 S., 15 Farbtafeln, zahlr. Abb., kart. **DM 12,80/S 99,–**

**Weihnachtsbasteleien**
(0667) Von Marlene Kühnle und Sven Beck, 32 S., 56 Farbfotos, 6 Zeichnungen, Spiralbindung. **DM 6,80/S 59,–**

**Stricken**
Schritt für Schritt für Rechts- und Linkshänder. (5142) Von Sabine Oelwein-Schefczik. 64 S., 148 Farbfotos, 173 Zeichnungen, Pappband, **DM 14,80/S 119,–**

**Kuscheltiere stricken und häkeln**
(0734) Von Bertl Wehrle, 32 S., 60 Farbfotos, 28 Zeichnungen, Spiralbindung, **DM 7,80/S 69,–**

**Schritt für Schritt zum Scherenschnitt**
(0732) Von Heide Klingmüller, 32 S., 38 Farbfotos, 34 Vorlagen, Spiralbindung, **DM 7,80/S 69,–**

**Dekorative Rupfenpuppen**
Arbeitsanleitungen und Gestaltungsvorschläge. (0733) Von Bärbel Wenzelburger, 32 S., 57 Farbfotos, 14 Zeichnungen, Spiralbindung, **DM 7,80/S 69,–**

**Pullover, Westen, Ensembles, Jacken**
(4178) Von Ruth Weber, 208 S., 220 Farbfotos, 358 Zeichnungen, Pappband, **DM 29,80/S 239,–**

Die Preise entsprechen dem Status beim Druck dies

# Freizeit

**Aktfotografie**
Gestaltung, Technik, Spezialeffekte
(0737) Von Prof. Heinz Wedewardt,
88 S., 144 Farb- und 6 s/w-Fotos,
6 Zeichnungen, kart., **DM 19,80**/S 159.–

**Videokassette Aktfotografie**
Laufzeit ca. 60 Min. In Farbe.
VHS (6001), Video 2000 (6002),
Beta (6003) **DM 98,–**/S 882.–

**Moderne Fotopraxis**
Bildgestaltung · Aufnahmepraxis ·
Kameratechnik · Fotolexikon. (4030) Von
Wolfgang Freihen, 304 S., 50 Farbfotos,
194 s/w-Abb., gebunden.
**DM 36,–**/S 298,–

**So macht man bessere Fotos**
Das meistverkaufte Fotobuch der Welt.
(0614) Von Martin L. Taylor, 192 S.,
457 Farbfotos, 15 Abb., kart.
**DM 14,80**/ S 119,–

Falken-Handbuch
**Dunkelkammerpraxis**
Laboreinrichtung · Arbeitsabläufe Fehler-
katalog. Mit den neuesten Farbentwick-
lungsverfahren. (4140) Von Eugen Pauli,
200 S., 54 Farbfotos, 239 s/w-Fotos,
171 Zeichnungen, Pappband.
**DM 29,80**/ S 239,–

Falken-Handbuch **Trickfilmen**
Flach-, Sach- und Zeichentrickfilme – von
der Idee zur Ausführung. (4131) Von
Heinz-D. Wilden, 144 S., über 430 über-
wiegend farbige Abb., gebunden.
**DM 39,–**/S 319,–

**Moderne Schmalfilmpraxis**
Ausrüstungen · Drehbuch · Aufnahme
Schnitt · Vertonung. (4043) Von Uwe
Ney, 328 S., über 200 Abb., gebunden.
**DM 29,80**/S 239,–

**Schmalfilmen**
Ausrüstung · Aufnahmepraxis · Schnitt
Ton. (0342) Von Uwe Ney, 108 S., 4 Farb-
tafeln, 25 s/w-Fotos, kart.
**DM 9,80**/S 79,–

**Schmalfilme selbst vertonen**
(0593) Von Uwe Ney, 96 S., 57 s/w-
Fotos, 14 Zeichnungen, kart.
**DM 9,80**/S 79,–

Falken-Handbuch **Videofilmen**
Systeme, Kameras, Aufnahme, Ton und
Schnitt. (4093) Von Peter Lanzendorf,
288 S., 8 Farbtafeln, 165 s/w-Fotos,
25 Zeichnungen, gebunden.
**DM 36,–**/S 298,–

**Ferngelenkte Motorflugmodelle**
bauen und fliegen. (0400) Von Werner
Thies, 184 S., mit Zeichnungen und
Detailpläne, kart. **DM 12,80**/S 99,–

**Modellflug-Lexikon**
(0549) Von Werner Thies, 280 S.,
98 s/w-Fotos, 234 Zeichnungen,
Pappband. **DM 36,–**/S 298,–

**Flugmodelle**
bauen und einfliegen. (0361) Von Werner
Thies und Willi Rolf, 160 S., 63 Abb.,
7 Faltpläne, kart. **DM 12,80**/S 99,–

**Kleine Welt auf Rädern**
Das faszinierende Spiel mit **Modell-
eisenbahnen** (4175) Von Florian Eisen,
256 S., 72 Farb- und 180 s/w-Fotos,
25 Zeichnungen, Pappband.
**DM 29,80**/ S 239,–

**Fotografie – Das Schöne als Ziel**
Zur Ästhetik und Psychologie der visuel-
len Wahrnehmung. (4122) Von Ewald
Stark, 208 S., 252 Farbfotos, 63 Zeichnungen, Ganzleinen. **DM 78,–**/S 624,–

**Freude am Fotografieren**
(4127) Von der Fachredaktion Kodak,
312 S., über 500 Farbfotos, Pappband.
**DM 48,–**/S 398,–

**Raketen auf Rädern**
Autos und Motorräder an der Schall-
grenze. (4220) Von Hans G. Isenberg, 96
S., 112 großformatige Farbfotos, 21 s/w-
Fotos, Pappband. **DM 24,80**/S 198,–

**Die rasantesten Rallyes der Welt**
(4213) Von Hans G. Isenberg und Dirk
Maxeiner, 96 S., 116 großformatige Farbfotos, Pappband. **DM 24,80**/S 198,–

**Auto-Rallyes für jedermann**
Planen – ausrichten – mitfahren. (0457)
Von Rüdiger Hagelberg, 104 S., kart.
**DM 9,80**/S 79,–

**Die schnellsten Autos der Welt**
(4201) Von Hans G. Isenberg und Dirk
Maxeiner, 96 S., 110 mehr vierfarbige
Abb., Pappband. **DM 24,80**/S 198,–

**Trucks**
Giganten der Landstraßen in aller Welt.
(4222) Von Hans G. Isenberg, 96 S.,
131 Farbfotos, Pappband.
**DM 24,80**/S 198,–

**CB-Code**
Wörterbuch und Technik. (0435) Von
Richard Kerler, 120 S., mit technischen
Abb., kart. **DM 7,80**/S 69,–

**Ferngelenkte Elektromodelle**
. . . bauen und fliegen. (0700) Von Werner Thies, 144 S.,
52 s/w-Fotos, 52 Zeichnungen, kart.
**DM 16,80**/139.–

**Schiffsmodelle**
selber bauen. (0500) Von Dietmar und
Reinhard Lochner, 200 S., 93 Zeichnungen, 2 Faltpläne, kart.
**DM 14,80**/S 119.–

**Dampflokomotiven**
(4204) Von Werner Jopp, 96 S., 134
großformatige Farbfotos, Pappband.
**DM 24,80**/S 198,–

**Zivilflugzeuge**
Vom Kleinflugzeug zum Überschall-Jet.
(4218) Von Richard J. Höhn und Hans G.
Isenberg, 96 S., 115 großformatige Farbfotos, Pappband. **DM 24,80**/S 198,–

**Die tollsten Motorflugzeuge aller
Zeiten**
(4208) Von Richard J. Höhn und Hans G.
Isenberg, 96 S., 86 großformatige Farbfotos, Pappband. **DM 24,80**/S 198,–

**Die schnellsten Motorräder der Welt**
(4206) Von Hans G. Isenberg und Dirk
Maxeiner. 96 S., 100 großformatige
Farbfotos, Pappband. **DM 24,80**/S 198,–

**Motorrad-Hits**
Chopper, Tribikes, Heiße Öfen (4221) Von
Hans G. Isenberg, 96 S., 119 Farbfotos,
Pappband. **DM 24,80**/S 198,–

**Ferngelenkte Segelflugmodelle**
bauen und fliegen. (0446) Von Werner
Thies, 176 S., 22 s/w-Fotos, 115 Zeichnungen, kart. **DM 14,80**/S 119,–

**ZDF-Freizeitkalender 1985**
(0697) 30 S., 32 Zeichnungen,
**DM 12.80**/S 99.–

**Münzen**
Ein Brevier für Sammler. (0353) Von
Erhard Dehnke, 128 S., 4 Farbtafeln,
17 s/w-Abb., kart. **DM 9,80**/S 79.–

**Astronomie als Hobby**
Sternbilder und Planeten erkennen und
benennen. (0572) Von Detlev Block,
176 S., 16 Farbtafeln, 49 s/w-Fotos,
93 Zeichnungen, kart. **DM 14.80**/S 119.–

**Gitarre spielen**
Ein Grundkurs für den Selbstunterricht.
(0534) Von Atti Roßmann, 96 S.,
1 Schallfolie, 150 Zeichnungen, kart.
**DM 24,80**/S 198.–

Falken-Handbuch **Zaubern**
Über 400 verblüffende Tricks. (4063)
Von Friedrich Stutz, 368 S., 1200 Zeich-
nungen, geb. **DM 29,80**/S 239.–

**Die liebenswerte Welt der Puppen**
(2212) Von Ursula D. Damrau, 96 S.,
60 Fotos, Pappband. **DM 9,80**/S 85.–

Entdecken Sie den **Hunsrück**
(2502) Von Gerhard Eckert, 96 S.,
60 Farbfotos, kart., **DM 9,80**/S 79.–

Entdecken Sie das **Hochsauerland** und
**den Arnsberger Wald**
(2503) Von Gerhard Eckert, 96 S.,
75 Farbfotos, 3 Karten, kart.
**DM 9,80**/S 79.–

Entdecken Sie **Kärnten**
(2505) Von Gerhard Eckert, 96 S.,
96 Farbfotos, kart. **DM 9,80**/S 79.–

Entdecken Sie den **Bodensee**
(2506) Von Gerhard Eckert, 96 S.,
97 Farbfotos, kart. **DM 9,80**/S 79.–

Entdecken Sie das **Montafon**
(2501) Von Gerhard Eckert, 96 S.,
82 Farbfotos, kart. **DM 9,80**/S 79.–

**Romantisches Deutschland**
(4168) Von H. Bücken, 160 S., über
350 Fotos, Pappband, **DM 25,–**/S 200.–

**Zaubern**
einfach – aber verblüffend. (2018) Von
Dieter Buoch, 84 S., 41 Zeichnungen,
kart. **DM 6,80**/S 59.–

**Zaubertricks**
Das große Buch der Magie. (0282) Von
Jochen Zmeck, 244 S., 113 Abb., kart.
**DM 14,80**/S 119.–

**Magische Zaubereien**
(0672) Von Wilhelm Widenmann, 64 S.,
31 Zeichnungen, kart. **DM 7,80**/S 69.–

**Pfeife rauchen**
(2203) Von Walter Hufnagel, 80 S.,
77 Farbfotos, 4 s/w-Fotos, 11 Zeichnungen, Pappband. **DM 9,80**/S 85.–

**Mineralien, Steine und Fossilien**
Grundkenntnisse für Hobbysammler.
(0437) Von Dieter Stobbe, 96 S.,
16 Farbtafeln, 14 s/w-Fotos, 10 Zeichnungen, kart. **DM 9,80**/S 79.–

**Freizeit mit dem Mikroskop**
(0291) Von Martin Deckart, 132 S.,
69 s/w-Fotos, 4 Zeichnungen, kart.
**DM 9,80**/S 79.–

**Mineralien und Steine**
erkennen und benennen. Farben ·
Formen · Fundorte. (0409) Von Rudolf
Graubner, 136 S., 100 Farbfotos, kart.
**DM 14,80**/S 119.–

**Briefmarken**
sammeln für Anfänger. (0481) Von Dieter
Stein, 120 S., 4 Farbtafeln, 98 s/w-Abb.,
kart. **DM 7,80**/S 69.–

# Sport

**Judo**
Grundlagen des Stand- und
Bodenkampfes. (4013) Von Wolfgang
Hofmann, 244 S., 589 Fotos, gebunden
**DM 29,80**/S 239.–

**Neue Lehrmethoden der Judo-Praxis**
(0424) Von Pierre Herrmann, 223 S.,
475 Abb., kart. **DM 16,80** /S 139.–

**Judo**
Grundlagen – Methodik. (0305) Von
Mahito Ohgo, 208 S., 1025 Fotos, kart.
**DM 14,80**/S 119.–

**Wir machen Judo**
(5069) Von Riccardo Bonfranchi und
Ulrich Klocke, 92 S., mit Bewegungs-
abläufen in cartoonartigen zweifarbigen
Zeichnungen, kart. **DM 12,80**/S 99.–

**Fußwürfe**
für Judo, Karate und Selbstverteidigung.
(0439) Von Hayward Nishioka, 96 S.,
260 Abb., kart. **DM 9,80**/S 79.–

**Karate für alle**
Karate Selbstverteidigung in Bildern.
(0314) Von Albrecht Pflüger, 112 S.,
356 s/w-Fotos, kart. **DM 9,80**/S 79.–

**Karate für Frauen und Mädchen**
Sport und Selbstverteidigung. (0425)
Von Albrecht Pflüger, 168 S., 259 s/w-
Fotos, kart. **DM 9,80**/S 79.–

**Das Karate-Buch Ereignis seit Jahren!
Alles Wissen über KARATE – die hohe
Kunst der Selbstverteidigung – in
einer 8bändigen Buchserie.**

**Nakayamas Karate perfekt 1**
Einführung. (0487) Von Masatoshi
Nakayama, 136 S., 605 s/w-Fotos, kart.
**DM 19,80**/S 159.–

**Nakayamas Karate perfekt 2**
Grundtechniken. (0512) Von Masatoshi
Nakayama, 136 S., 354 s/w-Fotos,
53 Zeichnungen, kart.
**DM 19,80**/S 159.–

**Nakayamas Karate perfekt 3**
Kumite 1: Kampfübungen. (0538) Von
Masatoshi Nakayama, 128 S., 424 s/w-
Fotos, kart. **DM 19,80**/S 159.–

**Nakayamas Karate perfekt 4**
Kumite 2: Kampfübungen. (0547) Von
Masatoshi Nakayama, 128 S., 394 s/w-
Fotos, kart. **DM 19,80**/S 159.–

**Nakayamas Karate perfekt 5**
Kata 1: Heian, Tekki. (0571) Von
Masatoshi Nakayama, 144 S., 1229 s/w-
Fotos, kart. **DM 19,80**/S 159.–

**Nakayamas Karate perfekt 6**
Kata 2: Bassai-Dai, Kanku-Dai,
(0600) Von Masatoshi Nakayama,
144 S., 1300 s/w-Fotos, 107 Zeichnungen, kart. **DM 19,80**/S 159.–

**Nakayamas Karate perfekt 7**
Kata 3: Jitte, Hangetsu, Empi. (0618)
Von Masatoshi Nakayama, 144 S.,
1988 s/w-Fotos, 105 Zeichnungen, kart.
**DM 19,80**/S 159.–

**Nakayamas Karate perfekt 8**
Gankaku, Jion. (0650) Von Masatoshi
Nakayama, 144 S., 1174 s/w-Fotos, kart.
**DM 19,80**/S 159.–

**Kontakt-Karate**
Ausrüstung · Technik · Training. (0396)
Von Albrecht Pflüger, 112 S., 238 s/w-
Fotos, kart. **DM 14,80**/S 119.–

**Karate-Do**
Das Handbuch des modernen Karate.
(4028) Von Albrecht Pflüger, 360 S.,
1159 Abb., gebunden. **DM 29,80**/S 239.–

**Bo-Karate**
Kukishin-Ryu – die Techniken des Stock-
kampfes. ((0447) Von Georg Stiebler,
176 S., 424 s/w-Fotos, 38 Zeichnungen,
kart. **DM 16,80**/S 139.–

**Karate I**
Einführung · Grundtechniken. (0227)
Von Albrecht Pflüger, 148 S., 195 s/w-
Fotos und Zeichnungen, kart.
**DM 9,80**/S 79.–

**Karate II**
Kombinationstechniken · Katas. (0239)
Von Albrecht Pflüger, 176 S., 452 s/w-
Fotos und Zeichnungen, kart.
**DM 9,80**/S 79.–

**Karate Kata I**
(0683) Von Wolf-Dieter Wichmann, ca.
144 S., ca. 350 Fotos, kart.
**ca. DM 16,80**/S 139.–

**Der König des Kung-Fu
Bruce Lee**
Sein Leben und Kampf. (0392) Von
seiner Frau Linda. 136 S., 104 s/w-Fotos,
mit großem Bruce-Lee-Poster, kart.
**DM 19,80**/S 159.–

**Bruce Lees Kampfstil 1**
Grundtechniken. (0473) Von Bruce Lee
und M. Uyehara, 109 S., 220 Abb., kart.
**DM 9,80**/S 79.–

**Bruce Lees Kampfstil 2**
Selbstverteidigungstechniken. (0486)
Von Bruce Lee und M. Uyehara, 128 S.,
310 Abb., kart. **DM 9,80**/S 79.–

**Bruce Lees Kampfstil 3**
Trainingslehre. (0503) Von Bruce Lee und
M. Uyehara, 112 S., 246 Abb., kart.
**DM 9,80**/S 79.–

**Bruce Lees Kampfstil 4**
Kampftechniken. (0523) Von Bruce Lee
und M. Uyehara, 104 S., 211 Abb., kart.
**DM 9,80**/S 79.–

**Bruce Lees Jeet Kune Do**
(0440) Von Bruce Lee, übersetzt von
Hans-Jürgen Hesse, 192 S., mit
105 eigenhändigen Zeichnungen von
Bruce Lee, kart. **DM 19,80**/S 159.–

**Ju-Jutsu**
Grundtechniken – Moderne
Selbstverteidigung. (0276) Von Werner
Heim und Franz J. Gresch, 160 S., über
600 s/w-Fotos, kart.
**DM 9,80**/S 79.–

**Ju-Jutsu 2**
für Fortgeschrittene und Meister. (0378)
Von Werner Heim und Franz J. Gresch,
164 S., 798 s/w-Fotos, kart.
**DM 19,80**/S 159.–

**Ju-Jutsu 3**
Spezial-, Gegen- und
Weiterführungstechniken. (0485) Von
Werner Heim und Franz J. Gresch, 214 S.,
über 600 s/w-Fotos, kart.
**DM 19,80**/S 159.–

**Nunchaku**
Waffe · Sport · Selbstverteidigung.
(0373) Von Albrecht Pflüger, 144 S.,
247 Abb., kart. **DM 16,80**/S 139.–

**Shuriken · Tonfa · Sai**
Stockfechten und andere bewaffnete
Kampfsportarten aus Fernost. (0397)
Von Andreas Schulz, 96 S., 253 s/w-
Fotos, kart. **DM 12,80**/S 99.–

**Illustriertes Handbuch des
Taekwon-Do**
Koreanische Kampfkunst und Selbst-
verteidigung. (4053) Von Konstantin Gil,
248 S., 1026 Abb., gebunden.
**DM 29,80**/S 239.–

**Taekwon-Do**
Koreanischer Kampfsport. (0347) Von
Konstantin Gil, 152 S., 408 Abb., kart.
**DM 12,80**/S 99.–

**Aikido**
Lehren und Techniken des harmonischen
Weges. (0537) Von Rolf Brand, 280 S.,
697 Abb., kart. **DM 19,80**/S 159.–

**Kung-Fu und Tai-Chi**
Grundlagen und Bewegungsabläufe.
(0367) Von Bruce Tegner, 182 S.,
370 s/ w-Fotos, kart. **DM 14,80**/S 119.–

**Kung-Fu II**
Theorie und Praxis klassischer und
moderner Stile. (0376) Von Manfred
Pabst, 160 S., 330 Abb., kart.
**DM 12,80**/S 99.–

**Shaolin-Kempo – Kung-Fu**
Chinesisches Karate im Drachenstil.
(0395) Von Ronald Czerni und Klaus
Konrad. 246 S., 723 Abbildungen, kart.
**DM 19,80**/S 159.–

**Hap Ki Do**
Grundlagen und Techniken koreanischer
Selbstverteidigung. (0379) Von Kim Sou
Bong, 112 S., 153 Abb., kart.
**DM 14,80**/S 119.–

**Dynamische Tritte**
Grundlagen für den Zweikampf. (0438)
Von Chong Lee, 96 S., 398 s/w-Fotos,
10 Zeichnungen, kart. **DM 9,80**/S 79.–

**Muskeltraining mit Hanteln**
Leistungssteigerung für Sport und
Fitness. (0676) Von Hans Schulz, 108 S.,
92 s/w-Fotos, 2 Zeichnungen, kart.
**DM 9,80**/S 79.–

**Leistungsfähiger durch Krafttraining**
Eine Anleitung für Fitness-Sportler,
Trainer und Athleten (0617) Von Werner
Kieser, 100 S., 20 s/w-Fotos,
62 Zeichnungen, kart. **DM 9,80**/S 79.–

**Bodybuilding**
Anleitung zum Muskel- und
Konditionstraining für sie und ihn.
(0604) Von Reinhard Smolana. 160 S.,
172 Fotos, kart. **DM 9,80**/S 79.–

**Bodybuilding für Frauen**
Wege zu Ihrer Idealfigur (0661) Von Hans
Schulz, 108 S., 84 s/w-Fotos, großes
farbiges Übungsposter, kart.
**DM 14,80**/S 119.–

Die Preise entsprechen dem Status beim Druck diese

## Isometrisches Training
Übungen für Muskelkraft und Entspannung. (0529) Von Lothar M. Kirsch, 140 S., 164 s/w-Fotos, kart. **DM 9,80**/S 79.–

## Radsport
Radtouristik und Rennen, Technik, Typen. (0550) Von Karl Ziegler und Rolf Lehmann, 120 S., 55 Abb., kart. **DM 9,80**/S 79.–

## Walking
Fit, schlank und gesund durch Sportgehen. (0602) Von Gary D. Yanker, 104 S., 47 s/w-Fotos, kart. **DM 12,80**/S 99.–

## Spaß am Laufen
Jogging für die Gesundheit. (0470) Von Werner Sonntag, 140 S., 41 s/w-Fotos, 1 Zeichnung, kart. **DM 9,80**/S 79.–

## Mein bester Freund, der Fußball
(5107) Von Detlev Brüggemann und Dirk Albrecht, 144 S., 171 Abb., kart. **DM 16,80**/S 139.–

## Fußball
Training und Wettkampf. (0448) Von Holger Obermann und Peter Walz, 166 S., 93 s/w-Fotos, 56 Zeichnungen, kart. **DM 12,80**/S 99.–

## Handball
Technik – Taktik – Regeln. (0426) Von Fritz und Peter Hattig, 128 S., 91 s/w-Fotos, 121 Zeichnungen, kart. **DM 14,80**/S 119.–

## Volleyball
Technik – Taktik – Regeln. (0351) Von Henner Huhle, 102 S., 330 Abb., kart. **DM 9,80**/S 79.–

## Basketball
Technik und Übungen für Schule und Verein. (0279) Von Chris Kyriasoglou, 116 S., mit 252 Übungen zur Basketballtechnik, 186 s/w-Fotos und 164 Zeichnungen, kart. **DM 12,80**/S 99.–

## Hockey
Technische und taktische Grundlagen. (0398) Von Horst Wein, 152 S., mit vielen Zeichnungen und Fotos. **DM 16,80**/S 139.–

## Eishockey
Lauf- und Stocktechnik, Körperspiel, Taktik, Ausrüstung und Regeln, (0414) Von Josef Čapla, 264 S., 567 s/w-Fotos, 163 Zeichnungen, kart. **DM 19,80**/S 159.–

## Badminton
Technik · Taktik · Training. (0699) Von Klaus Fuchs, Lars Sologub, 168 S., 51 Farbabb., kart., **DM 16,80**/S 139.–

## Golf
Ausrüstung – Technik – Regeln. (0343) Von J. C. Jessop, übersetzt von Heinz Biemer, mit einem Vorwort von H. Krings, Präsident des Deutschen Golf-Verbandes, 160 S., 65 Abb., Anhang Golfregeln des DGV, kart. **DM 16,80**/S 139.–

## Pool-Billard
(0484) Herausgegeben vom Deutschen Pool-Billard-Bund, von Manfred Bach und Karl-Werner Kühn, 88 S., mit über 80 Abb., kart. **DM 7,80**/S 69.–

## Sportschießen
für jedermann. (0502) Von Anton Kovacic, 124 S., 116 s/w-Fotos, kart. **DM 14,80**/S 119.–

## Fechten
Florett · Degen · Säbel. (0449) Von Emil Beck, 88 S., 219 Fotos und Zeichnungen, kart. **DM 11,80**/S 94.–

## Reiten
Dressur · Springen · Gelände. (0415) Von Ute Richter, 168 S., 235 Abb., kart. **DM 12,80**/S 99.–

## Reiten
Vom ersten Schritt zum Reiterglück (5033) Von Herta F. Kraupa-Tuskany, 64 S., 34 Farbfotos, 2 Zeichnungen, Pappband. **DM 12,80**/S 99.–

## Voltigieren.
Pflicht · Kür · Wettkampf. (0455) Von Josephine Bach, 120 S., 4 Farbtafeln, 88 s/w-Fotos, kart. **DM 12,80**/S 99.–

## Fibel für Kegelfreunde
Sport- und Freizeitkegeln · Bowling. (0191) Von Georg Bocsai, 72 S., mit über 60 Abb., kart. **DM 5,80**/S 49.–

## Beliebte und neue Kegelspiele
(0271) Von Georg Bocsai, 92 S., 62 Abb., kart. **DM 5,80**/S 49.–

## 111 spannende Kegelspiele
(2031) Von Hermann Regulski, 88 S., 53 Zeichnungen, kart. **DM 7,80**/S 69.–

## Ski-Gymnastik
Fit für Piste und Loipe. (0450) Von Hannelore Pilss-Samek, 104 S., 67 s/w-Fotos, 20 Zeichnungen, kart. **DM 6,80**/S 59.–

## Skischule
Ausrüstung · Technik · Gymnastik. (0369) Von Richard Kerler, 128 S., 100 Abb., kart. **DM 9,80**/S 79.–

## Skilanglauf, Skiwandern
Ausrüstung und Techniken (5129) Von Toni Reiter und Richard Kerler, 80 S., 8 Farbtafeln, 85 Zeichnungen und s/w-Fotos, kart. **DM 12,80**/S 99,–

## Alpiner Skisport
Ausrüstung · Techniken · Skigymnastik (5130) Von Kuno Meßmann, 128 S., 8 Farbfotos, 93 s/w-Fotos, 45 Zeichnungen, kart. **DM 12,80**/S 99.–

## Frust und Freud beim Tennis
Psychologische Studien der Spielertypen und Verhaltensweisen. (4079) Von H. Cath, A. Kahn und N. Cobb, 176 S., gebunden. **DM 19,80**/S 159.–

## Die neue Tennis-Praxis
Der individuelle Weg zu erfolgreichem Spiel. (4079) Von Richard Schönborn, 240 S., 202 Farbzeichnungen, gebunden. **DM 39,–**/S 319.–

## Erfolgreiche Tennis-Taktik
(4086) Von Robert Ford Greene, übersetzt von Michael Rolf Fischer, 181 S., 87 Abb., kart. **DM 19,80**/S 159.–

## Tennis kompakt
Der erfolgreiche Weg zu Spiel, Satz und Sieg. (5116) Von Wilfried Taferner, 128 S., 82 s/w-Fotos, 67 Zeichnungen, kart. **DM 12,80**/S 99.–

## Tennis
Technik – Taktik – Regeln. (0375) Von Harald Elschenbroich, 112 S., 81 Abb., kart. **DM 6,80**/S 59.–

## Squash
Ausrüstung – Technik – Regeln. (0539) Von Dietrich von Horn und Hein-Dirk Stünitz, 96 S., 55 s/w-Fotos, 25 Zeichnungen, kart. **DM 8,80**/S 74.–

## Tischtennis
modern gespielt mit TT-Quiz 17:21. (0363) Von Ossi Brucker und Tibor Harangozo, 120 S., 65 Abb., kart. **DM 9,80**/S 79.–

## Sporttauchen
Theorie und Praxis des Gerätetauchens. (0647) Von Siegfried Müßig, 144 S., 8 Farbtafeln, 35 s/w-Fotos, 89 Zeichnungen, kart. **DM 12,80**/S 99.–

## Falken-Handbuch Tauchsport
Theorie · Geräte · Technik · Training. (4062) Von Wolfgang Freihen, 268 S., 32 Farb- u. 201 s/w-Fotos, gebunden. **DM 39,–**/S 319.–

## Segeln
(4207) Von Claus Hehner, 96 S., 106 großformatige Farbfotos, Pappband. **DM 24,80**/S 198.–

## Windsurfing
Lehrbuch für Grundschein und Praxis. (5028) Von Calle Schmidt, 64 S., 60 Farbfotos, Pappband. **DM 12,80**/S 99.–

## Sportfischen
Fische – Geräte – Technik. (0324) Von Helmut Oppel, 144 S., 49 s/w-Fotos, 8 Farbtafeln, kart. **DM 9,80**/S 79.–

## Falken-Handbuch Angeln
in Binnengewässern und im Meer. (4090) Von Helmut Oppel, 344 S., 24 Farbtafeln, 66 s/w-Fotos, 151 Zeichnungen, gebunden. **DM 39,–**/S 319.–

## Angeln
Kleine Fibel für den Sportfischer. (0198) Von Eberhard Bondick, 96 S., 116 Abb., kart. **DM 8,80**/S 74.–

## Die Erben Lilienthals
Sportfliegen heute
(4054) Von Günter Brinkmann, 240 S., 32 Farbtafeln, 176 s/w-Fotos, 33 Zeichnungen, gebunden. **DM 39,–**/S 319.–

## Einführung in das Schachspiel
(0104) Von Walter Wollenschläger und Karl Colditz, 92 S., 65 Diagramme, kart. **DM 6,80**/S 59.–

## Schach-WM '81
Karpow – Kortschnoi. Mit ausführlichem Kommentar zu allen Partien. (0583) Von Großmeister Helmut Pfleger und Otto Borik, 179 S., zahlreiche Diagramme und Fotos, kart. **DM 16,80**/S 139.–

## Spielend Schach lernen
(2002) Von Theo Schuster, 128 S., kart. **DM 6,80**/S 59.–

## Kinder- und Jugendschach
Offizielles Lehrbuch zur Erringung der Bauern-, Turm- und Königsdiplome des Deutschen Schachbundes. (0561) Von Berend J. Withuis und Helmut Pfleger, 144 S., 11 s/w-Fotos, 223 Abb., kart. **DM 12,80**/S 99.–

## Neue Schacheröffnungen
(0478) Von Theo Schuster, 108 S., 100 Diagramme, kart. **DM 8,80**/S 74.–

## Schach für Fortgeschrittene
Taktik und Probleme des Schachspiels. (0219) Von Rudolf Teschner, 96 S., 85 Schachdiagramme, kart. **DM 5,80**/S 49.–

**FALKEN VERLAG**

## Schach TV-Worldcup '82
Turnier der Schachgroßmeister.
(4133) Von Helmut Pfleger und
Eugen Kurz, 208 S., 41 s/w-Fotos,
3 Zeichnungen, gebunden.
**DM 26,80**/S 218.–

## Schachstrategie
Ein Intensivkurs mit Übungen und
ausführlichen Lösungen.
(0584) Von Alexander Koblenz,
dt. Bearb. von Karl Colditz, 212 S.,
240 Diagramme, kart.
**DM 16,80**/S 139.–

## Falken-Handbuch Schach
Das Handbuch für Anfänger und Könner.
(4051) Von Theo Schuster, 360 S.,
über 340 Diagramme, gebunden.
**DM 29,80**/S 239.–

## Die besten Partien der deutschen Schachgroßmeister
(4121) Von Helmut Pfleger, 192 S.,
29 s/w-Fotos, 89 Diagramme, Pappband.
**DM 29,80**/S 239.–

## Turnier der Schachgroßmeister '83
Karpow · Hort · Browne · Miles
Chandler · Garcia · Rogers · Kindermann.
(0718) Von Helmut Pfleger · Eugen Kurz,
176 S., 28 s/w-Fotos, 69 Diagramme,
kart. **DM 16,80**/S 139.–

## Lehr-, Übungs- und Testbuch der Schachkombinationen
(0649) Von Karl Colditz, 184 S.,
über 200 Diagramme, kart.
**DM 14,80**/S 119.–

## Zug um Zug
## Schach für jedermann 1
Offizielles Lehrbuch des
Deutschen Schachbundes
zur Erringung des Bauerndiploms.
(0648) Von Helmut Pfleger und
Eugen Kurz, 80 S., 24 s/w-Fotos,
8 Zeichnungen, 60 Diagramme,
kart. **DM 6,80**/S 59.–

## Schach als Kampf
(0729) Von Gary Kasparow, 144 S.,
95 Diagramme, 9 s/w-Fotos, kart.,
**DM 14,80**/S 119,–

## Zug um Zug
## Schach für jedermann 2
Offizielles Lehrbuch des Deutschen
Schachbundes zur Erringung des Turm-
diploms. (0659) Von Helmut Pfleger und
Eugen Kurz, 132 S., 8 s/w-Fotos,
14 Zeichnungen, 78 Diagramme, kart.
**DM 9,80**/S 79.–

## Schachtraining mit den Großmeistern
(0670) Von Hans Bouwmeester, 128 S.,
90 Diagramme, kart.
**DM 14,80**/ S 119.–

# Spiele, Denksport, Unterhaltung

## Kartenspiele
(2001) Von Claus D. Grupp, 144 S.,
kart. **DM 7,80**/S 69.–

## Neues Buch der siebzehn und vier Kartenspiele
(0095) Von Karl Lichtwitz, 96 S.,
kart. **DM 6,80**/S 59.–

## Alles über Pokern
Regeln und Tricks.
(2024) Von Claus D. Grupp, 120 S.,
29 Kartenbilder, kart.
**DM 8,80**/S 74.–

## Rommé und Canasta
in allen Variationen.
(2025) Von Claus D. Grupp, 124 S.,
24 Zeichnungen, kart.,
**DM 9,80**/S 79.–

## Schafkopf, Doppelkopf, Binokel, Cego, Gaigel, Jaß, Tarock und andere „Lokalspiele".
(2015) Von Claus D. Grupp, 152 S.,
kart. **DM 9,80**/S 79.–

## Das Skatspiel
Eine Fibel für Anfänger.
(0206) Von Karl Lehnhoff, überarb.
von P. A. Höfges, 96 S., kart.
**DM 5,80**/S 49.–

## Falken-Handbuch Patiencen
(4151) Von U. v. Lyncker, ca. 192 S.,
ca. 120 Abbildungen, Pappband.
**DM 19,80**/S 159.–

## Patiencen
in Wort und Bild.
(2003) Von Irmgard Wolter, 136 S.,
kart. **DM 7,80**/S 69.–

## Kartentricks
(2010) Von Theodor A. Rosee, 80 S.,
13 Zeichnungen, kart. **DM 6,80**/S 59.–

## Neue Kartentricks
(2027) Von Klaus Pankow, 104 S.,
20 Abb., kart. **DM 7,80**/S 69.–

## Falken-Handbuch Bridge
Von den Grundregeln zum Turniersport.
(4092) Von Wolfgang Voigt und Karl Ritz,
276 S., 792 Zeichnungen, gebunden.
**DM 39,–**/S 319.–

## Spielend Bridge lernen
(2012) Von Josef Weiss, 108 S.,
kart. **DM 7,80**/S 69.–

## Spieltechnik im Bridge
(2004) Von Victor Mollo und
Nico Gardener, deutsche Adaption von
Dirk Schröder, 216 S., kart.
**DM 16,80**/S 139.–

## Besser Bridge spielen
Reiztechnik, Spielverlauf und
Gegenspiel. (2026) Von Josef Weiss,
143 S., mit vielen Diagrammen, kart.
**DM 14,80**/S 119.–

## Mah-Jongg
Das chinesische Glücks-, Kombinations-
und Gesellschaftsspiel. (2030) Von
Ursula Eschenbach, 80 S., 30 s/w-Fotos,
5 Zeichnungen, kart. **DM 9,80**/S 79.–

## Backgammon
für Anfänger und Könner. (2008) Von
Georg W. Fink und Guido Fuchs, 116 S.,
41 Abb., kart. **DM 9,80**/S 79.–

## Würfelspiele
für jung und alt. (2007) Von Friedrich
Pruss, 112 S., kart. **DM 7,80**/S 69.–

## Gesellschaftsspiele
für drinnen und draußen. (2006) Von
Heinz Görz, 128 S., kart.
**DM 6,80**/S 59.–

## Spiele für Party und Familie
(2014) Von Rudi Carell, 160 S., 50 Abb.,
gebunden. **DM 9,80**/S 79.–

## Dame
Das Brettspiel in allen Variationen.
(2028) Von Claus D. Grupp, 104 S.,
Diagramme, kart. **DM 9,80**/S 79.–

## Das japanische Brettspiel GO
(2020) Von Winfried Dörholt, 104 S.,
182 Diagramme, kart. **DM 9,80**/S 79.–

## So gewinnt man gegen Video- und Computerspiele
(0644) Von Christine Kerler, 160 S.,
25 Zeichnungen, 21 s/w-Fotos, kart.
**DM 6,80**/S 59.–

## Denksport und Schnickschnack
für Tüftler und fixe Köpfe. (0362) Von
Jürgen Barto, 100 S., 45 Abb., kart.
**DM 6,80**/S 59.–

## Rätselspiele, Quiz- und Scherzfragen
für gesellige Stunden. (0577) Von Karl-
Hermann Schneider, 168 S., über
100 Zeichnungen, Pappband.
**DM 16,80**/S 139.–

## Knobeleien und Denksport
(2019) Von Klas Rechberger, 142 S., mit
vielen Zeichnungen, kart.
**DM 7,80**/S 69.–

## Quiz
Mehr als 1500 ernste und heitere Fragen
aus allen Gebieten. (0129) Von Reinhold
Sautter und Waltraud Pröve, 92 S.,
9 Zeichnungen, kart. **DM 6,80**/S 59.–

## Der große Rätselknacker
Über 100.000 Rätselfragen. (4022)
Zusammengestellt von Hans-Jürgen
Winkler, 544 S., kart.
**DM 19,80**/S 159.–

## Rätsel lösen – ein Vergnügen
Ein Lexikon für Rätselfreunde. (0182)
Von Erich Maier, 240 S., kart.
**DM 12,80**/S 99.–

## 500 Rätsel selberraten
(0681) Von Eberhard Krüger, 272 S.,
kart. **DM 9,95**/S 79.–

## 501 Rätsel selberraten
(0711) Von Eberhard Krüger, 272 S.,
kart. **DM 9,95**/S 79.–

## Das Super-Kreuzwort-Rätsel-Lexikon
Über 150.000 Begriffe. (4126) Von Hans
Schiefelbein, 688 S., Pappband.
**DM 19,80**/S 159.–

## Punkt, Punkt, Komma, Strich
Zeichenstunden für Kinder. (0564) Von
Hans Witzig, 144 S., über 250 Zeich-
nungen, kart. **DM 6,80**/S 59.–

## Einmal grad und einmal krumm
Zeichenstunden für Kinder. (0599) Von
Hans Witzig, 144 S., 363 Abb., kart.
**DM 6,80**/S 59.–

### Kinderspiele
die Spaß machen.
(2009) Von Helen Müller-Stein, 112 S.,
28 Abb., kart. **DM 6,80**/S 59.–

### Spiele für Kleinkinder
(2011) Von Dieter Kellermann, 80 S.,
kart. **DM 5,80**/S 49.–

### Kasperletheater
Spieltexte und Spielanleitungen ·
Basteltips für Theater und Puppen.
(0641) Von Ursula Lietz, 136 S., 4 Farbtafeln, 12 s/w-Fotos, 39 Zeichnungen,
kart. **DM 9,80**/S 79.–

### Kindergeburtstag
Vorbereitung, Spiel und Spaß. (0287)
Von Dr. Ilse Obrig, 104 S., 40 Abb.,
11 Zeichnungen, 9 Lieder mit Noten, kart.
**DM 5,80**/S 49.–

### Kinderfeste
daheim und in Gruppen. (4033) Gerda
Blechner, 240 S., 320 Abb., gebunden.
**DM 19,80**/S 159.–

### Scherzfragen, Drudel und Blödeleien
gesammelt von Kindern. (0506) Herausgegeben von Waltraud Pröve, 112 S.,
57 Zeichnungen, kart. **DM 5,80**/S 49.–

### Die Schlümpfe und ihre Freunde
(0686) Von Peyo, 80 S., viele
Zeichnungen, kart. **DM 2,95**/S 24.–

### Die Schlümpfe und der Zauberer Gargamel
(0687) Von Peyo, 80 S., viele
Zeichnungen, kart. **DM 2,95**/S 24.–

### Die Schlümpfe und Schlumpfinchen
(0688) Von Peyo, 80 S., viele
Zeichnungen, kart. **DM 2,95**/S 24.–

### Die Schlümpfe in Schlumpfhausen
(0689) Von Peyo, 80 S., viele
Zeichnungen, kart. **DM 2,95** S 24.–

Kein schöner Land . . .
### Das große Buch unserer beliebtesten Volkslieder.
(4150) Das Buch zur Aktion
„Dalli-Dalli hilft", 208 S., 108 Farbzeichnungen, Pappband. **19,80**/S 159.–

### Die schönsten Wander- und Fahrtenlieder
(0462) Herausgegeben von Franz R.
Miller, empfohlen vom Deutschen
Sängerbund, 80 S., mit Noten und
Zeichnungen, kart. **DM 5,80**/S 49.–

### Die schönsten Volkslieder
(0432) Herausgegeben von Dietmar
Walther, 128 S., mit Noten und
Zeichnungen, kart. **DM 4,80**/S 39.–

### Die schönsten Berg- und Hüttenlieder
(0514) Herausgegeben von Franz R.
Miller, empfohlen vom Deutschen
Sängerbund, 104 S., mit Noten und
Zeichnungen, kart. **DM 5,80**/S 49.–

### Wir lernen tanzen
Standard- und lateinamerikanische
Tänze. (0200) Von Ernst Fern, 168 S.,
118 s/w-Fotos, 47 Zeichnungen, kart.
**DM 9,80**/S 79.–

### Tanzstunde
(5018) Von Gerd Hädrich, 172 S.,
442 s/w-Fotos, 140 Zeichnungen,
Pappband. **DM 19,80**/S 159.–

### So tanzt man Rock'n'Roll
Grundschritte · Figuren · Akrobatik.
(0573) Von Wolfgang Steuer und
Gerhard Marz, 224 S., 303 Abb., kart.
**DM 16,80**/S 139.–

### Wir geben eine Party
(0192) Von Elisabeth Ruge, 88 S.,
8 Farbtafeln, 23 Zeichnungen, kart.
**DM 8,80**/S 74.–

### Neue Spiele für Ihre Party
(2022) Von Gerda Blechner, 120 S.,
54 Zeichnungen, kart. **DM 7,80**/S 69.–

### Lustige Tanzspiele und Scherztänze
für Parties und Feste. (0165) Von Ewald
Bäulke, 80 S., 53 Abb., kart.
**DM 6,80**/S 59.–

### Straßenfeste, Flohmärkte und Basare
Praktische Tips für Organisation und
Durchführung. (0592) Von Hugo
Schuster, 96 S., 52 Fotos, 17 Zeich-
nungen, kart. **DM 12,80**/S 99.–

### Black Jack
Regeln und Strategien des Kasinospiels
(2032) Von Konrad Kelbratowski, 88 S.,
kart. **DM 9,80**/S 79.–

### Roulette richtig gespielt
Systemspiele, die Vermögen brachten.
(0121) Von Martin Jung, 96 S., zahlreiche
Tabellen, kart. **DM 7,80**/S 69.–

### Kartenspiele für Kinder
(0533) Von Claus D. Grupp, 136 S.,
24 Abb., kart. **DM 6,80**/S 59.–

### Disco-Tänze
(0491) Von Barbara und Felicitas Weber,
104 S., 104 Abb., kart. **DM 6,80**/S 59.–

### 365 Schwedenrätsel
(4173) Von Günther Borutta, 336 S.,
kart. **DM 16,80**/S 139.–

### Kindergeburtstage die keiner vergißt
Planung, Gestaltung, Spielvorschläge
(0698) Von G. und G. Zimmermann,
102 S., kart. **DM 9,80**/S 79.–

Es war einmal . . .
### Unsere beliebtesten Märchen
(4170) Hrsg. von R. Wehse und D. Enzian,
208 S., 119 Zeichnungen, Pappband,
**DM 19,80**/S 159.–

### Wilhelm-Busch-Album
Jubiläumsausgabe mit 1700 farbigen
Bildern. (3028) 408 S., Großformat, geb.
**DM 39,–**/S 319.–

Es ist ein Brauch von alters her . . .
### Lebensweisheiten
(2214) Von Wilhelm Busch, 80 S.,
38 Zeichnungen, Pappband.
**DM 9,80**/ S 85.–

### Lachen, Witz und gute Laune
Lustige Texte für Ansagen und Vorträge.
(0149) Von Erich Müller, 104 S., 44 Abb.,
kart. **DM 6,80**/S 59.–

### Tolle Sketche
mit zündenden Pointen – zum Nach-
spielen. (0656) Von Eberhard Cohrs,
112 S., kart. **DM 9,80**/S 79.–

### Vergnügliche Sketche
(0476) Von Horst Pillau, 96 S., mit
lustigen Zeichnungen, kart.
**DM 6,80**/S 59.–

### Heitere Vorträge
(0528) Von Erich Müller, 182 S.,
14 Zeichnungen, kart. **DM 9,80**/S 79.–

### Die große Lachparade
Neue Texte für heitere Vorträge und
Ansagen. (0188) Von Erich Müller, 108 S.,
kart. **DM 6,80**/S 59.–

### So feiert man Feste fröhlicher
Heitere Vorträge und Gedicht.
(0098) Von Dr. Allos, 96 S., 15 Abb.,
kart. **DM 5,80**/S 49.–

### Lustige Vorträge für fröhliche Feiern
Sketche, Vorträge und Conferencen für
Karneval und fröhliche Feste. (0284) Von
Karl Lehnhoff, 96 S., kart.
**DM 6,80**/S 59.–

### Vergnügliches Vortragsbuch
(0091) Von Joseph Plaut, 192 S., kart.
**DM 7,80**/S 69.–

### Tolle Sachen zum Schmunzeln und Lachen
Lustige Ansagen und Vorträge.
(0163) Von Erich Müller, 92 S.,
kart. **DM 6,80**/S 59.–

### Humor für jedes Ohr
Fidele Sketche und Ansagen. (0157) Von
Heinz Ehnle. 96 S., kart.
**DM 6,80**/S 59.–

### Sketche und spielbare Witze
für bunte Abende und andere Feste.
(0445) Von Hartmut Friedrich, 120 S.,
7 Zeichnungen, kart. **DM 6,80**/S 59.–

### Sketche
Kurzspiele zu amüsanter Unterhaltung.
(0247) Von Margarete Gering, 132 S.,
16 Abb., kart., **DM 6,80**/59.–

### Dalli-Dalli-Sketche
aus dem heiteren Ratespiel von und mit
Hans Rosenthal. (0527) Von Horst Pillau,
144 S., 18 Zeichnungen, kart.
**DM 9,80**/S 79.–

### Non Stop Nonsens
Sketche und Witze mit Spielanleitungen.
(0511) Von Dieter Hallervorden, 160 S.,
geb. **DM 14,80**/S 119.–

### Lustige Sketche für Jungen und Mädchen
(0669) Von Ursula Lietz und Ulrike Lange,
104 S., kart. **DM 7,80**/S 69.–

**Gereimte Vorträge**
für Bühne und Bütt. (0567) Von Günter Wagner, 96 S., kart. **DM 7,80**/S 69.–

**Damen in der Bütt**
Scherze, Büttenreden, Sketche. (0354) Von Traudi Müller, 136 S., kart. **DM 8,80**/S 69.–

**Narren in der Bütt**
Leckerbissen aus dem rheinischen Karneval. (0216) Zusammengestellt von Theo Lücker, 112 S., kart. **DM 6,80**/S 59.–

**Rings um den Karneval**
Karnevalsscherze und Büttenreden. (0130) Von Dr. Allos, 136 S., kart. **DM 9,80**/S 79.–

**Helau und Alaaf 1**
Närrisches aus der Bütt. (0304) Von Erich Müller, 112 S., kart. **DM 6,80**/S 59.–

**Helau und Alaaf 2**
Neue Büttenreden. (0477) Von Edmund Luft, 104 S., kart. **DM 7,80**/S 69.–

**Humor und Stimmung**
Ein heiteres Vortragsbuch. (0460) Von Günter Wagner, 112 S., kart. **DM 6,80**/S 59.–

**Humor und gute Laune**
Ein heiteres Vortragsbuch. (0635) Von Günter Wagner, 112 S., kart. **DM 8,80**/S 74.–

**Das große Buch der Witze**
(0384) Von E. Holz, 320 S., 36 Zeichnungen, geb. **DM 16,80**/S 139.–

**Da lacht das Publikum**
Neue lustige Vorträge für viele Gelegenheiten. (0716) Von Heinz Schmalenbach, 104 S., kart. **DM 9,80**/S 79.–

**Lach mit!**
Witze für Kinder, gesammelt von Kindern. (0468) Herausgegeben von Waltraud Pröve, 128 S., 17 Zeichnungen, kart. **DM 5,80**/S 49.–

**Witzig, witzig**
(0507) Von Erich Müller, 128 S., 16 Zeichnungen, kart. **DM 6,80**/S 55.–

**Lach mit den Schlümpfen**
(0610) Von Peyo, 64 S., viele Abb., kart. **DM 6,80**/S 59.–

**Die besten Witze und Cartoons des Jahres 1**
(0454) Herausgegeben von Karl Hartmann, 288 S., 125 Zeichnungen, geb. **DM 16,80**/S 139.–

**Die besten Witze und Cartoons des Jahres 2**
(0488) Herausgegeben von Karl Hartmann, 288 S., 148 Zeichnungen, geb. **DM 16,80**/S 139.–

**Die besten Witze und Cartoons des Jahres 3**
(0524) Herausgegeben von Karl Hartmann, 288 S., 105 Zeichnungen, Pappband. **DM 16,80**/S 139.–

**Die besten Witze und Cartoons des Jahres 4**
(0579) Herausgegeben von Karl Hartmann, 288 S., 140 Zeichnungen, Pappband. **DM 16,80**/S 139.–

**Die besten Witze und Cartoons des Jahres 5**
(0642) Herausgegeben von Karl Hartmann, 288 S., 88 Zeichnungen, Pappband. **DM 16,80**/S 139.–

**Das Superbuch der Witze**
(4146) Von B. Bornheim, 504 S., 54 Cartoons, Pappband. **DM 15,–**/S 120.–

**Die besten Beamtenwitze**
(0574) Herausgegeben von Waltraud Pröve, 112 S., 61 Cartoons, kart. **DM 5,80**/S 49.–

**Die besten Kalauer**
(0705) Von Klaus Frank, 112 S., 12 Zeichnungen, kart., **DM 5,80**/S 49.–

**Robert Lembkes Witzauslese**
(0325) Von Robert Lembke, 160 S., mit 10 Zeichnungen von E. Köhler, gebunden. **DM 14,80**/S 119.–

**Fred Metzlers Witze mit Pfiff**
(0368) Von Fred Metzler, 120 S., kart. **DM 5,80**/S 49.–

**O frivol ist mir am Abend**
Pikante Witze von Fred Metzler. (0388) Von Fred Metzler, 128 S., mit Karikaturen, kart. **DM 5,80**/S 49.–

**Herrenwitze**
(0589) Von Georg Wilhelm, 112 S., 30 Zeichnungen, kart. **DM 5,80**/S 49.–

**Witze am laufenden Band**
(0461) Von Fips Asmussen, 118 S., kart. **DM 5,80**/S 49.–

Horror zum Totlachen
**Gruselwitze**
(0536) Von Franz Lautenschläger, 96 S., 44 Zeichnungen, kart. **DM 5,80**/S 49.–

**Die besten Ostfriesenwitze**
(0495) Herausgegeben von Onno Freese, 112 S., 17 Zeichnungen, kart. **DM 5,80**/S 49.–

**Olympische Witze**
Sportlerwitze in Wort und Bild. (0505) Von Wolfgang Willnat, 112 S., 126 Zeichnungen, kart. **DM 5,80**/S 49.–

**Ich lach mit kaputt! Die besten Kinderwitze**
(0545) Von Erwin Hannemann, 128 S., 15 Zeichnungen, kart. **DM 5,80**/S 49.–

# Natur

**Faszination Berg**
zwischen Alpen und Himalaya. (4214) Von Toni Hiebeler, 96 S., 100 großformatige Farbfotos, Pappband. **DM 24,80**/S 198.–

**Gefährdete und geschützte Pflanzen**
erkennen und benennen. (0596) Von Wieland Schnedler und Karl Wolfstetter. 160 S., 140 Farbfotos, 4 Zeichnungen, kart. **DM 19,80**/S 159,–

**Beeren und Waldfrüchte**
erkennen und benennen, eßbar oder giftig? (0401) Von Jörg Raithelhuber, 120 S., 94 Farbfotos, kart. **DM 16,80**/S 139.–

**Bäume und Sträucher**
erkennen und benennen. (0509) Von Jörg Raithelhuber, 116 S., 108 Farbfotos, kart. **DM 16,80**/S 139.–

**Falken-Handbuch Pilze**
Mit über 250 Farbfotos und Rezepten. (4061) Von Martin Knoop, 276 S., 250 Farbfotos, 28 Zeichnungen, gebunden. **DM 39,–**/S 319.–

**Pilze**
erkennen und benennen. (0380) Von Jörg Raithelhuber, 136 S., 110 Farbfotos, kart. **DM 14,80**/S 119.–

**Falken-Handbuch Der Garten**
Das moderne illustrierte Standardwerk. (4044) Von Gerhard Bambach, unter Mitarbeit von U. Kaiser, W. Velte und J. Zech, 770 S., 40 Farbtafeln, 77 Farbfotos, 787 s/w-Fotos, 147 Zeichnungen, gebunden. **DM 49,–**/S 398.–

**Das Gartenjahr**
Arbeitsplan für draußen und drinnen. (4075) Von Gerhard Bambach, 152 S., 16 Farbtafeln, viele Abb., kart. **DM 12,80**/S 99.–

**Gartenteiche und Wasserspiele**
planen, anlegen und pflegen. (4083) Von Horst R. Sikora, 160 S., 16 Farbtafeln, über 100 Skizzen und Abb., Pappband. **DM 29,80**/S 239.–

**Gärtnern**
(5004) Von Inge Manz, 64 S., 38 Farbfotos, Pappband. **DM 12,80**/S 99.–

**Gärtner Gustavs Gartenkalender**
Arbeitspläne · Pflanzenporträts · Gartenlexikon. (4155) Von Gustav Schoser, 120 S., 146 Farbfotos, 13 Tabellen, 203 farbige Zeichnungen, Pappband. **DM 24,80**/S 198.–

**Leben im Naturgarten**
Der Biogärtner und seine gesunde Umwelt. (4124) Von Norbert Jorek, 136 S., 68 s/w-Fotos, kart. **DM 12,80**/S 99.–

**Mischkultur im Nutzgarten**
Mit Jahreskalender und Anbauplänen. (0651) Von Helmut Oppel, 112 S., 8 Farbtafeln, 23 s/w-Fotos, 29 Zeichnungen, kart. **DM 9,80**/S 79.–

**Frühbeet und Kleingewächshaus**
(5055) Von Gustav Schoser, 64 S., 43 Farbfotos, Pappband. **DM 12,80**/S 99.–

### Insekten Mitteleuropas
erkennen und benennen. (0588) Von
Helmut Bechtel, 144 S., 129 Farbfotos,
18 Zeichnungen, kart. **DM 16,80**/S 139.–

### Schmetterlinge
Tagfalter Mitteleuropas erkennen und
benennen. (0510) Von Thomas
Ruckstuhl, 156 S., 136 Farbfotos, kart.
**DM 16,80**/S 139.–

### Blühende Zimmerpflanzen
(5010) Von Rolf Blaich, 64 S., 107 Farbfotos, Pappband. **DM 12,80**/S 99.–

Falken-Handbuch **Zimmerpflanzen**
1600 Pflanzenporträts.
(4082) Von Rolf Blaich, 432 S.,
480 Farbfotos, 84 Zeichnungen,
1600 Pflanzenbeschreibungen, geb.
**DM 39,–**/S 319.–

### Blütenpracht in Grolit 2000
Der neue, mühelose Weg zu
farbenprächtigen Zimmerpflanzen.
(5127) Von Gabriele Vocke, 64 S.,
50 Farbfotos, Pappband.
**DM 12,80**/S 99.–

### Zimmerbäume, Palmen und andere Blattpflanzen
(5111) Von Gustav Schoser, 96 S.,
98 Farbfotos, 7 Zeichnungen, Pappband.
**DM 16,80**/S 139.–

### Biologisch zimmergärtnern
Zier- und Nutzpflanzen natürlich pflegen.
(4144) Von Norbert Jorek, 152 S.,
15 Farbtafeln, 120 s/w-Fotos, Pappband.
**DM 19,80**/S 159.–

### Hydrokultur
Pflanzen ohne Erde – mühelos gepflegt.
(4080) Von Hans-August Rotter, 120 S.,
67 farbige und s/w-Abb. sowie Zeichnungen, geb. **DM 19,80**/S 159.–

### Zimmerpflanzen in Hydrokultur
Leitfaden für problemlose Blumenpflege.
(0660) Von Hans-August Rotter, 32 S.,
76 Farbfotos, 8 farbige Zeichnungen,
Spiralbindung, kart. **DM 6,80**/S 59.–

### Sukkulenten
Mittagsblumen, Lebende Steine,
Wolfsmilchgewächs u. a.
(5070) Von Werner Hoffmann, 64 S.,
82 Farbfotos, Pappband.
**DM 12,80**/S 99.–

### Kakteen und andere Sukkulenten
300 Arten mit über 500 Farbfotos.
(4116) Von Günter Andersohn, 316 S.,
520 Farbtafeln, 193 Zeichnungen, geb.
**DM 49,–**/S 398.–

### Fibel für Kakteenfreunde
(0199) Von H. Herold, 102 S.,
23 Farbfotos, kart. **DM 7,80**/S 69.–

### Kakteen
Herkunft, Anzucht, Pflege,
Klimabedingungen.
(5021) Von Werner Hoffmann, 64 S.,
70 Farbfotos, Pappband.
**DM 12,80**/S 99.–

Faszinierende Formen und Farben
**Kakteen**
(4211) Von Katharina und Franz Schild,
96 S., 127 großformatige Farbfotos,
Pappband. **DM 24,80**/S 198.–

### Gemüse, Kräuter, Obst aus dem Balkongarten
– Erfolgreich ernten auf kleinstem Raum.
(0694) Von Siegfried Stein, 32 S.,
34 Farbfotos, 5 Zeichnungen, Spiralbindung, kart. **DM 7,80**/S 69.–

### Erfolgstips für den Gemüsegarten
Mit naturgemäßem Anbau
zu höherem Ertrag.
(0674) Von Franz Mühl, 80 S.,
30 s/w-Fotos, 4 Zeichnungen,
kart. **DM 7,80**/S 69.–

### Der Obstgarten
Pflanzung · Pflege · Baumschnitt ·
Neuheiten. (5100) Von Joachim Zech,
64 S., 54 Farbfotos, Pappband.
**DM 12,80**/S 99.–

### Der richtige Schnitt von Obst- und Ziergehölzen, Rosen und Hecken
(0619) Von Erich Zettl, 88 S.,
8 Farbtafeln, 39 Zeichnungen,
21 s/w-Fotos, kart. **DM 7,80**/S 69.–

### Unkraut im Garten
erkennen und erfolgreich bekämpfen.
(0637) Von Friedrich und Heidrun
Jantzen, 144 S., 190 Farbfotos,
kart. **DM 16,80**/S 139.–

### Das Blumenjahr
Arbeitsplan für drinnen und draußen.
(4142) Von Gabriele Vocke, 136 S.,
15 Farbtafeln, kart. **DM 12,80**/S 99.–

### Blumenpracht im Garten
(5014) Von Inge Manz, 64 S.,
93 Farbfotos, Pappband.
**DM 12,80**/S 99.–

### Rosen
Arten – Pflanzung – Pflege.
(5065) Von Inge Manz, 64 S., 60 Farbfotos, Pappband. **DM 12,80**/S 99.–

### Ziersträucher und -bäume im Garten
(5071) Von Inge Manz, 64 S., 91 Farbfotos, Pappband. **DM 12,80**/S 99.–

Falken-Handbuch **Katzen**
(4158) Von B. Gerber, 176 S., 294 Farb-
und 88 s/w-Fotos, Pappband.
**DM 39,–**/S 319.–

### Katzen
Rassen · Haltung · Pflege. (4216) Von
Brigitte Eilert-Overbeck, 96 S., 82 groß-
formatige Farbfotos, Pappband.
**DM 24,80**/S 198.–

Lieblinge auf Samtpfötchen **Katzen**
(2202) Von Brigitte Eilert-Overbeck,
80 S., 53 Farbfotos, 5 s/w-Fotos,
Pappband. **DM 9,80**/S 85.–

### Katzenkrankheiten
Erkennung und Behandlung. (0652) Von
Dr. med. vet. Rolf Spangenberg, 176 S.,
64 s/w-Fotos, 4 Zeichnungen, kart.
**DM 9,80**/S 79.–

### Steingärten
Anlage – Pflanzen – Pflege.
(5092) Von Martin Haberer, 64 S.,
90 Farbfotos, Pappband.
**DM 12,80**/S 99.–

### Balkons in Blütenpracht
zu allen Jahreszeiten.
(5047) Von Nikolaus Uhl, 64 S., 82 Farbfotos, Pappband. **DM 12,80**/S 99.–

### Kübelpflanzen
für Balkon, Terrasse und Dachgarten.
(5132) Von Martin Haberer, 64 S.,
70 Farbfotos, Pappband.
**DM 14,80**/S 119.–

### Kletterpflanzen
Rankende Begrünung für Fassade,
Balkon und Garten.
(5140) Von Martin Haberer, 64 S.,
70 Farbabb., 2 Zeichnungen, Pappband.
**DM 12,80**/S 99.–

### Grabgestaltung
Bepflanzung und Pflege zu jeder
Jahreszeit. (5120) Von Nikolaus Uhl,
64 S., 77 Farbfotos, 2 Zeichnungen,
Pappband. **DM 14,80**/S 119.–

### Blütenpracht in Haus und Garten
Der große praktische Ratgeber mit über
1000 farbigen Abbildungen.
(4145) Von Martin Haberer, Friedrich
Jantzen, Gernot Lysek, Peter Möhring
und Nikolaus Uhl, 352 S., 1012 Farbfotos, 3 Zeichnungen, Pappband.
**DM 29,80**/S 239.–

### Sag's mit Blumen
Pflege und Arrangieren von
Schnittblumen.
(5103) Von Peter Möhring, 64 S.,
68 Farbfotos, 2 s/w-Fotos, Pappband.
**DM 12,80**/S 99.–

### Bonsai
Japanische Miniaturbäume und
Miniaturlandschaften.
Anzucht, Gestaltung und Pflege.
(4091) Von Benedikt Lesniewicz, 160 S.,
106 Farbfotos, 46 s/w-Fotos,
115 Zeichnungen, geb. **DM 68,–**/S 549.–

Falken-Handbuch **Das Terrarium**
(4069) Von Burkhard Kahl, Paul Gaupp,
Dr. Günter Schmidt, 336 S.,
215 Farbfotos, geb. **DM 58,–**/S 460.–

Falken-Handbuch **Das Aquarium**
Einrichtung, Pflege und Fische für Süß-
und Meerwasser. (4029) Von Hans J.
Mayland, 334 S., über 415 Farbfotos und
Farbtafeln, 150 Zeichnungen, geb.
**DM 39,–**/S 319.–

### Aquarienfische
des tropischen Süßwassers. (5003) Von
Hans J. Mayland, 64 S., 98 Farbfotos,
Pappband. **DM 12,80**/S 99.–

### Süßwasser-Aquarienfische
(4212) Von Burkhard Kahl, 96 S., 108
großformatige Farbfotos, Pappband.
kart. **DM 24,80**/S 198.–

### Das Süßwasser-Aquarium
Einrichtung – Pflege – Fische – Pflanzen.
(0153) Von Hans J. Mayland, 132 S.,
163 Zeichnungen, 8 Farbtafeln, kart.
**DM 8,80**/S 74.–

### Das Meerwasser-Aquarium
Einrichtung – Pflege – Fische und niedere
Tiere. (0281) Von Hans J. Mayland,
146 S., 30 farbige und 228 s/w-Abb.,
kart. **DM 14,80**/S 119.–

**Orchideen**
(4215) Von Gustav Schoser, 96 S.,
143 großformatige Farbfotos, Pappband.
**DM 24,80**/S 198.–

**Orchideen**
Eigenart – Schnittblumen – Topfkultur –
Pflege. (5038) Von Gustav Schoser,
64 S., 75 Farbfotos, Pappband.
**DM 14,80**/S 119.–

**Keime, Sprossen, Küchenkräuter**
am Fenster ziehen – rund ums Jahr.
(0658) Von Friedrich und Heidrun
Jantzen, 32 S., 55 Farbfotos,
Spiralbindung, kart. **DM 6,80**/S 59.–

Falken-Handbuch **Hunde**
(4118) Von Horst Bielfeld, 176 S.,
222 Farbfotos und Farbzeichnungen,
73 s/w-Abb., geb.
**DM 39,–**/S 319.–

**Hunde**
Rassen · Erziehung · Haltung.
(4209) Von Horst Bielfeld, 96 S.,
101 großformatige Farbfotos, Pappband.
**DM 24,80**/S 198.–

**Das neue Hundebuch**
Rassen · Aufzucht · Pflege.
(0009) Von Walter Busack, überarbeitet
von Dr. med. vet. A. H. Hacker, 104 S.,
8 Farbtafeln, kart. **DM 8,80**/S 74.–

Falken-Handbuch
**Der Deutsche Schäferhund**
(4077) Von Ursula Förster, 228 S., 160
farbige und s/w-Abb. sowie Zeichnungen,
geb. **DM 29,80**/S 239.–

**Der Deutsche Schäferhund**
(0073) Von Alfred Hacker, 104 S.,
56 Abb., kart. **DM 7,80**/S 69.–

**Dackel, Teckel, Dachshund**
Aufzucht · Pflege · Ausbildung.
(0508) Von Marianne Wein-Gysae, 112 S.,
4 Farbtafeln, 43 s/w-Fotos,
2 Zeichnungen, kart. **DM 9,80**/S 79.–

**Hunde-Ausbildung**
Verhalten – Gehorsam – Abrichtung.
(0346) Von Prof. Dr. Rudolphine Menzel,
96 S., 18 Fotos, kart. **DM 7,80**/S 69.–

**Hundekrankheiten**
Erkennung und Behandlung, Steuerung
des Sexualverhaltens. (0570) Von Dr.
med. vet. Rolf Spangenberg, 128 S.,
68 s/w-Fotos, 10 Zeichnungen, kart.
**DM 9,80**/S 79.–

**Das neue Katzenbuch**
Rassen – Aufzucht – Pflege. (0427) Von
Brigitte Eilert-Overbeck, 136 S.,
14 Farbfotos, 26 s/w-Fotos, kart.
**DM 8,80**/S 74.–

**Hilfe für den Wald**
Ursachen, Schadbilder, Hilfsprogramme.
Was jeder wissen muß, um unser
wichtigstes Öko-System zu retten.
(4164) Von K. F. Wentzel, R. Zundel,
128 S., 178 Farb- u. 6 s/w-Fotos,
60 Zeichnungen, kart.
**DM 19,80**/S 159.–

**So wird mein Garten zum Biogarten**
Alles über die Umstellung auf natur-
gemäße Anbau. (0706) Von Ingrid
Gabriel, 128 S., durchgehend 4farbig,
73 Farbfotos und Zeichnungen, kart.
**DM 14,80**/S 119.–

**Cichliden**
Pflege, Herkunft und Nachzucht der
wichtigsten Buntbarscharten
(5144) Von J. in't Veen, 96 S., 163 Farbfotos, Pbd. **DM 19,80**/S 159.–

**Gesunde Pflanzen im Biogarten**
Biologische Maßnahmen bei Schädlings-
befall und Pflanzenkrankheiten.
(0707) Von Ingrid Gabriel, 128 S., durchgehend 4farbig, 73 Farbfotos und Zeichnungen, kart. **DM 14,80**/S 119.–

**Der Biogarten unter Glas und Folie**
Ganzjährig erfolgreich ernten.
(0722) Von Ingrid Gabriel, 128 S., durchgehend vierfarbig, 58 Fotos, 39 Zeichn.,
kart. **DM 14,80**/S 119.–

**Neuanlage eines Biogartens**
Planung, Bodenvorbereitung, Gestaltung
(0721) Von Ingrid Gabriel, 128 S., durchgehend vierfarb., 73 Farbfotos, 35 Zeichnungen, kart. **DM 14,80**/S 119.–

**Das Bio-Gartenjahr**
Arbeitsplan für naturgemäßes Gärtnern.
(4169) Von Norbert Jorek, 128 S.,
8 Farbtafeln, 70 s/w-Abb., kart.
**DM 14,80**/S 119.–

Vom betörenden Zauber der **Rosen**
(2206) Von Helmut Steinhauer, 80 S.,
89 Farbfotos und Zeichnungen,
Pappband, **DM 9,80**/S 85.–

**Bauernregeln**
Wenn die Schwalben niedrig fliegen
(2208) Von G. Haddenbach, 80 S.,
52 Farbfotos und Zeichnungen,
Pappband, **DM 9,80**/S 85.–

**Hunde**
Die treuen Freunde des Menschen
(2207) Von Rolf Spangenberg, 80 S.,
49 Farbfotos und Zeichnungen, Pappband, **DM 9,80**/S 85.–

**Ponys**
Rassen, Haltung, Reiten. (4205) Von
Stefan Braun, 96 S., 84 großformatige
Farbfotos, Pappband.
**DM 24,80**/S 198.–

**Vögel**
Die wichtigsten Arten Mitteleuropas
erkennen und benennen. (0554) Von
Joachim Zeech, 152 S., 135 Farbfotos,
4 s/w-Fotos, 5 Zeichnungen, kart.
**DM 16,80**/S 139.–

**Wellensittiche**
Arten · Haltung · Pflege · Sprech-
unterricht · Zucht. (5136) Von Horst
Bielfeld, 64 S., 59 Farbfotos, Pappband.
**DM 12,80**/S 99.–

**Papageien und Sittiche**
Arten · Pflege · Sprechunterricht.
(0591) Von Horst Bielfeld, 112 S.,
8 Farbtafeln, kart. **DM 9,80**/S 79.–

# Gesundheit

**Der praktische Hausarzt**
(4100) Von Dr. med. Rosemarie Jäkel,
608 S., 201 s/w-Fotos, 118 Zeichnungen,
Pappband. **DM 29,80**/S 239.–

**Heiltees und Kräuter für die
Gesundheit**
(4123) Von Gerhard Leibold, 136 S.,
15 Farbtafeln, 16 Zeichnungen, kart.
**DM 12,80**/S 99.–

Falken-Handbuch **Heilkräuter**
Modernes Lexikon der Pflanzen und
Anwendungen (4076) Von Gerhard
Leibold, 392 S., 183 Farbfotos, geb.
**DM 39,–**/S 319.–

**Die farbige Kräuterfibel**
(0245) Von Ingrid Gabriel, 196 S.,
49 farbige und 97 s/w-Abb., Pappband.
**DM 14,80**/S 119.–

**Arzneikräuter und Wildgemüse**
erkennen und benennen. (0459) Von
Jörg Raithelhuber, 144 S., 108 Farbfotos,
kart. **DM 16,80**/S 139.–

Falken-Handbuch **Bio-Medizin**
Alles über die moderne Naturheilpraxis.
(4136) Von Gerhard Leibold, 552 S.,
16 Farbtafeln, Pappband.
**DM 39,–**/S 319.–

**Gesund bleiben – gesund werden
durch Enzyme**
(0677) Von Gerhard Leibold, 96 S., kart.
**DM 9,80**/S 79.–

**Gesund bleiben – gesund werden
durch Heilfasten**
(0713) Von Gerhard Leibold, 108 S., kart.
**DM 9,80**/S 79.–

**So lebt man länger nach Dr. Le
Comptes Erfolgsmethode!**
Vital und gesund bis ins hohe Alter.
(4129) Von Dr. Herman Le Compte,
Pia Pervenche, 224 S., geb.
**DM 24,80**/S 198.–

**Gesundheit und Spannkraft durch
Yoga**
(0321) Von Lothar Frank und Ursula
Ebbers, 112 S., 50 s/w-Fotos, kart.
**DM 7,80**/S 69.–

**Yoga für jeden**
(0341) Von Kareen Zebroff, 156 S.,
135 Abb., kart. **DM 20,–**/S 160.–

**Yoga gegen Haltungsschäden und
Rückenschmerzen**
(0394) Von Alois Raab, 104 S., 215 Abb.,
kart. **DM 6,80**/S 59.–

**Hypnose und Autosuggestion**
Methoden – Heilwirkungen – praktische
Beispiele. (0483) Von Gerhard Leibold,
116 S., kart. **DM 7,80**/S 69.–

**Autogenes Training**
Anwendung · Heilwirkungen · Methoden.
(0541) Von Rolf Faller, 128 S.,
3 Zeichnungen, kart. **DM 9,80**/S 79.–

**Eigenbehandlung durch Akupressur**
Heilwirkungen – Energielehre –
Meridiane. (0417) Von Gerhard Leibold,
152 S., 78 Abb., kart. **DM 9,80**/S 79.–

**Die fernöstliche Fingerdrucktherapie
Shiatsu**
Anleitungen zur Selbsthilfe –
Heilwirkungen. (0615) Von Gerhard
Leibold, 196 S., 180 Abb., kart.
**DM 16,80**/S 139.–

FALKEN VERLAG

Die Preise entsprechen dem Status beim Druck dieses

## 10 Minuten täglich Tele-Gymnastik
(5102) Von Beate Manz und Kafi Biermann, 128 S., 381 Abb., kart. **DM 12,80**/S 99.–

## Gesund und fit durch Gymnastik
(0366) Von Hannelore Pilss-Samek, 132 S., 150 Abb., kart. **DM 7,80**/S 69.–

## Stretching
Mit Dehnungsgymnastik zu Entspannung, Geschmeidigkeit und Wohlbefinden. (0717) Von Hans Schulz, 80 S., 90 s/w-Fotos, kart. **DM 7,80**/S 69.–

## Schönheitspflege
Kosmetische Tips für jeden Tag. (0493) Von Heide Zander, 180 S., 25 Abb., kart. **DM 7,80**/S 69.–

## Tanz und Spiele für Bewegungsbehinderte
Ein Anfängerkurs für alle, die mitmachen wollen. Empfohlen vom Bundesverband für Tanztherapie e.V. (0581) Von Wally Kaechele, 96 S., 105 s/w-Fotos, 9 Zeichnungen, Spiralbindung. **DM 19,80**/S 159.–

## Natur-Apotheke
Gesundheit durch altbewährte Kräuterrezepte und Hausmittel. (4156) Von Gerhard Leibold, 236 S., 105 Zeichnungen, 8 Farbtafeln, kart., **DM 19,80**/S 159.–
(4157) Pappband, **26,80**/S 218.–

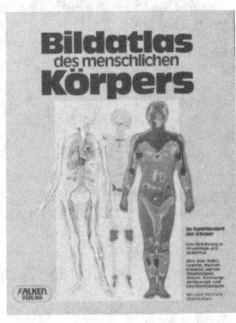

## Bildatlas des menschlichen Körpers
(4177) Von G. Pogliani u. V. Vannini, 112 S., über 450 Farbabb., Pappband, **DM 29,80**/S 239.–

## Fußmassage
Reflexzonentherapie am Fuß (0714) Von Gerhard Leibold, 96 S., 38 Zeichnungen, kart. **DM 9,80**/S 79.–

## Rheuma und Gicht
Krankheitsbilder, Behandlung, Therapieverfahren, Selbstbehandlung, richtige Lebensführung und Ernährung (0712) Von Dr. J. Höder, J. Bandick, 104 S., kart. **DM 9,80**/S 79.–

## Krampfadern
Ursachen, Vorbeugung, Selbstbehandlung, Therapieverfahren (0727) Von Dr. med. Kurt Steffens, 96 S., 38 Abb., kart. **DM 9,80**/S 79.–

## Aktiv Yoga
(0709) Von Karen Zebroff, 112 S., 102 Farbfotos, Spiralbindung, kart. **DM 14,80**/S 119.–

# Ratgeber, Lebenshilfe

## Umgangsformen heute
Die Empfehlungen des Fachausschusses für Umgangsformen. (4015) 282 S., 160 s/w-Fotos, 25 Zeichnungen, geb. **DM 29,80**/S 239.–

## Der Gute Ton
Ein moderner Knigge. (0063) Von Irmgard Wolter, 168 S., 38 Zeichnungen, kart. **DM 9,80**/S 79.–

## Tischkarten und Tischdekorationen
(5063) Von Gabriele Vocke, 64 S., 79 Farbfotos, Pappband. **DM 12,80**/S 99.–

## Von der Verlobung zur Goldenen Hochzeit
Vorbereitung · Festgestaltung · Glückwünsche. (0393) Von Elisabeth Ruge, 120 S., kart. **DM 6,80**/S 59.–

## Reden zur Hochzeit
Musteransprachen für Hochzeitstage. (0654) Von Günter Georg, 112 S., kart. **DM 6,80**/S 59.–

## Glückwünsche, Toasts und Festreden zur Hochzeit.
(0264) Von Irmgard Wolter, 128 S., kart. **DM 7,80**/S 69.–

## Hochzeits- und Bierzeitungen
Muster, Tips und Anregungen. (0288) Von Hans-Jürgen Winkler, mit vielen Text- und Gestaltungsanregungen, 116 S., 15 Abb., 1 Musterzeitung, kart. **DM 6,80**/S 59.–

## Kindergedichte zur Grünen, Silbernen und Goldenen Hochzeit
(0318) Von Hans-Jürgen Winkler, 104 S., 20 Abb., kart. **DM 5,80**/S 49.–

## Die Silberhochzeit
Vorbereitung · Einladung · Geschenkvorschläge · Festablauf · Menüs · Reden · Glückwünsche. (0542) Von Karin F. Merkle, 120 S., 41 Zeichnungen, kart. **DM 9,80**/S 79.–

## Großes Buch der Glückwünsche
(0255) Herausgegeben von Olaf Fuhrmann, 240 S., 77 Zeichnungen und viele Gestaltungsvorschläge, kart. **DM 9,80**/S 79.–

## Neue Glückwunschfibel
für Groß und Klein. (0156) Von Renée Christian-Hildebrandt, 96 S., kart. **DM 4,80**/S 39.–

## Glückwunschverse für Kinder
(0277) Von Bettina Ulrici, 80 S., kart. **DM 5,80**/S 49.–

## Die Redekunst · Rhetorik · Rednererfolg
(0076) Von Kurt Wolter, überarbeitet von Dr. W. Tappe, 80 S., kart. **DM 4,80**/S 39.–

## Reden und Ansprachen
für jeden Anlaß. (4009) Herausgegeben von Frank Sicker, 454 S., geb. **DM 39,–**/S 319.–

## Reden zum Jubiläum
Musteransprachen für viele Gelegenheiten (0595) Von Günter Georg, 112 S., kart. **DM 6,80**/S 59.–

## Reden und Sprüche zu Grundsteinlegung, Richtfest und Einzug
Musteransprachen für viele Gelegenheiten. (0598) Von Albert Bruder, Günter Georg, 96 S., kart. **DM 6,80**/S 59.–

## Reden zu Familienfesten
Musteransprachen für viele Gelegenheiten. (0675) Von Günter Georg, 108 S., kart. **DM 6,80**/S 59.–

## Festreden und Vereinsreden
Ansprachen für festliche Gelegenheiten. (0069) Von Karl Lehnhoff und Elisabeth Ruge, 88 S., kart. **DM 5,80**/S 49.–

## Reden im Verein
Musteransprachen für viele Gelegenheiten. (0703) Von Günter Georg, 112 S., kart., **DM 6,80**/S 59.–

## Trinksprüche, Richtsprüche, Gästebuchverse
(0224) Von Dieter Kellermann, 80 S., kart. **DM 5,80**/S 49.–

## Ins Gästebuch geschrieben
(0576) Von Kurt H. Trabeck, 96 S., 24 Zeichnungen, kart. **DM 7,80**/S 69.–

## Poesiealbumverse
Heiteres und Besinnliches. (0578) Von Anne Göttling, 112 S., 20 Abb., Pappband. **DM 14,80**/S 119.–

## Verse fürs Poesiealbum
(0241) Von Irmgard Wolter, 96 S., 20 Abb., kart. **DM 5,80**/S 49.–

Rosen, Tulpen, Nelken . . .
## Beliebte Verse fürs Poesiealbum
(0431) Von Waltraud Pröve, 96 S., mit Faksimile-Abb., kart. **DM 5,80**/S 49.–

## Der Verseschmied
Kleiner Leitfaden für Hobbydichter. Mit Reimlexikon. (0597) Von Theodor Parisius, 96 S., 28 Zeichnungen, kart. **DM 7,80** /S 69.–

## Moderne Korrespondenz
(4014) Von Hans Kirst und Wolfgang Manekeller, 568 S., gebunden. **DM 39,–** /S 319.–

## Der neue Briefsteller
(0060) Von Irmgard Wolter-Rosendorf, 112 S., kart.**DM 5,80** /S 49.–

## Geschäftliche Briefe
des Privatmanns, Handwerkers und Kaufmanns. (0041) Von Alfred Römer, 96 S., kart.**DM 6,80** /S 59.–

## Behördenkorrespondenz
Musterbriefe – Anträge – Einsprüche. (0412) Von Elisabeth Ruge, 120 S., kart. **DM 6,80** /S 59.–

## Musterbriefe
für alle Gelegenheiten. (0231) Herausgegeben von Olaf Fuhrmann, 240 S., kart.**DM 9,80** /S 79.–

## Privatbriefe
Muster für alle Gelegenheiten. (0114) Von Irmgard Wolter-Rosendorf, 132 S., kart. **DM 6,80** /S 59.–

## Erfolgstips für den Schriftverkehr
Briefwechsel leicht gemacht durch einfachen Stil und klaren Ausdruck (0678) Von Joachim Werbellin, 120 S., kart.**DM 8,80** /S 74.–

## Worte und Briefe der Anteilnahme
(0464) Von Elisabeth Ruge, 128 S., mit vielen Abbildungen, kart. **DM 9,80** /S 79.–

**Lebenslauf und Bewerbung**
Beispiele für Inhalt, Form und Aufbau.
(0428) Von Hans Friedrich, 112 S., kart.
**DM 6,80** /S 59.–

**Erfolgreiche Bewerbungsbriefe**
und Bewerbungsformen. (0138) Von
Wolfgang Manekeller, 88 S., kart.
**DM 5,80** /S 49.–

**Die erfolgreiche Bewerbung**
Bewerbung und Vorstellung. (0173) Von
Wolfgang Manekeller, 156 S., kart.
**DM 9,80** /S 79.–

**Die Bewerbung**
Der moderne Ratgeber für
Bewerbungsbriefe, Lebenslauf und
Vorstellungsgespräche. (4138) Von
Wolfgang Manekeller, 264 S., Pappband.
**DM 19,80** /S 159.–

**Vorstellungsgespräche**
sicher und erfolgreich führen. (0636) Von
Hans Friedrich, 144 S., kart.
**DM 9,80** /S 79.–

**Zeugnisse im Beruf**
richtig schreiben, richtig verstehen.
(0544) Von Hans Friedrich, 112 S., kart.
**DM 9,80** /S 79.–

**In Anerkennung Ihrer . . . ,
Lob und Würdigung in Briefen
und Reden.**
(0535) Von Hans Friedrich, 136 S., kart.
**DM 7,80** /S 69.–

**Erfolgreiche Kaufmannspraxis**
Wirtschaftliche Grundlagen, Geld, Kredit-
wesen, Steuern, Betriebsführung, Recht,
EDV. (4046) Von W. Göhler, H. Gölz,
M. Heibel, Dr. D. Machenheimer, mit
einem Vorwort von Dr. K. Obermayr,
544 S., geb. **DM 34,–** /S 272.–

**Der Rechtsberater im Haus**
(4048) Von Karl-Heinz Hofmeister,
528 S., geb. **DM 39,–** /S 319.–

**Arbeitsrecht**
Praktischer Ratgeber für Arbeitnehmer
und Arbeitgeber. (0594) Von Johannes
Beuthner, 192 S., kart.
**DM 16,80** /S 139.–

**Mietrecht**
Leitfaden für Mieter und Vermieter.
(0479) Von Johannes Beuthner, 196 S.,
kart. **DM 14,80** /S 119.–

**Scheidung und Unterhalt**
nach dem neuen Eherecht. (0403) Von
Rechtsanwalt Hans T. Drewes, 109 S.,
mit Kosten- und Unterhaltstabellen, kart.
**DM 7,80** /S 69.–

**Testament und Erbschaft**
Erbfolge, Rechte und Pflichten der Erben,
Erbschafts- und Schenkungssteuer,
Muster für Testamente. (4139) Von
Theodor Drewes und Rainer Hollender,
352 S., Pappband. **DM 26,80** /S 218.–

**Erbrecht und Testament**
Mit Erläuterungen des Erbschaftssteuer-
gesetzes von 1974. (0046) Von Dr. jur.
Hanns Wandrey, 124 S., kart.
**DM 6,80** /S 59.–

**Antiquitäten-(Ver)führer**
Stilkunde – Wert – Echtheits-
bestimmung. (5057) Von Margot Lutze,
128 S., 191 Farbfotos, Pappband.
**DM 19,80** /S 159.–

**Der Sklave Calvisius**
Alltag in einer römischen Provinz 150 n.
Chr. (4058) Von Alice Ammermann,
Tilmann Röhrig, Gerhard Schulze,
120 S., 99 Farbabb., 47 s/w-Abb.,
Pappband. **DM 19,80** /S 159.–

**Die Kunst des Stillens nach neuesten
Erkenntnissen**
(0701) Von Prof. Dr. med. E. Schmidt/S.
Brunn, 112 S., 20 Fotos und
Zeichnungen, kart., **DM 9,80** /S 79.–

**Elternsache Grundschule**
(0692) Von K. Meynersen, 324 S., kart.,
**DM 26,80** /S 218.–

**Sexualberatung**
(0402) Von Dr. Marianne Röhl, 168 S.,
8 Farbtafeln, 17 Zeichnungen, Pappband.
**DM 19,80** /S 159.–

**Wenn Sie ein Kind bekommen**
(4003) Von Ursula Klamroth, Dr. med.
H. Oster, 240 S., 86 s/w-Fotos,
30 Zeichnungen, geb. **DM 24,80** /S 198.–

**Vorbereitung auf die Geburt**
Schwangerschaftsgymnastik, Atmung,
Rückbildungsgymnastik. (0251) Von
Sabine Buchholz, 112 S., 98 s/w-Fotos,
kart. **DM 6,80** /S 59.–

**Wie soll es heißen?**
(0211) Von D. Köhr, 136 S., kart.
**DM 5,80** /S 49.–

**Das Babybuch**
Pflege · Ernährung · Entwicklung. (0531)
Von Annelore Burkert, 136 S.,
8 Farbtafeln, 41 s/w-Fotos, kart.
**DM 12,80** /S 99.–

Die neue Lebenshilfe **Biorhytmik**
Höhen und Tiefen der persönlichen
Lebenskurven vorausberechnen und
danach handeln. (0458) Von Walter A.
Appel, 157 S., 63 Zeichnungen,
Pappband. **DM 9,80** /S 79.–

**Energie aus Sonne, Wasser, Wind
und Eis**
Alles über Wärmedämmung, Wärme-
pumpen, Sonnendächer und andere
Systeme. (0552) Von Volker Petzold,
216 S., 124 Abb., kart.
**DM 16,80** /S 139.–

**Vom Urkrümel zum Atompilz**
Evolution – Ursache und Ausweg aus der
Krise. (4181) Von Jürgen Voigt, 188 S.,
20 Farb- u. 70 s/w-Fotos, 32 Zeichnungen, kart. **DM 19,80** /S 159.–

**Astrologie**
Das Orakel der Sterne.
(2211) Von B. A. Mertz, 80 S., 42 Farb- u.
15 s/w-Fotos, Pappband.
**DM 9,80** /S 85.–

**So finde ich einen Ausbildungsplatz**
(0715) Von Hans Friedrich, 136 S., kart.,
**DM 9,80** /S 79.–

Falken-Handbuch **Astrologie**
Charakterkunde · Schicksal · Liebe und
Beruf · Berechnung und Deutung von
Horoskopen · Aszendenttabelle. (4068)
Von Bernd A. Mertz mit einem
Geleitwort von Hildegard Knef, 342 S.,
mit 60 erläuternden Grafiken, geb.
**DM 29,80** /S 239.–

**Selbst Wahrsagen mit Karten**
Die Zukunft in Liebe, Beruf und Finanzen.
(0404) Von Rhea Koch, 112 S., viele Abb.
Pappband. **DM 12,80** /S 99.–

**Weissagen, Hellsehen, Kartenlegen . . .**
Wie jeder die geheimen Kräfte ergründen
und für sich nutzen kann. (4153) Von
Georg Haddenbach, 192 S.,
40 Zeichnungen, Pappband.
**DM 16,80** /S 139.–

**Wahrsagen mit Tarot-Karten**
(0482) Von Edwin J. Nigg, 112 S.,
4 Farbtafeln, 52 s/w-Fotos, Abb.,
Pappband. **DM 14,80** /S 119.–

**Aztekenhoroskop**
Deutung von Liebe und Schicksal nach
dem Aztekenkalender. (0343) Von
Christa-Maria und Richard Kerler, 160 S.,
20 Zeichnungen, Pappband.
**DM 9,80** /S 79.–

**Was sagt uns das Horoskop?**
Praktische Einführung in die Astrologie.
(0655) Von Bernd A. Mertz, 176 S., kart.
**DM 9,80** /S 79.–

**Das Super-Horoskop**
(0465) Von Georg Haddenbach, 175 S.,
Pappband. **DM 9,80** /S 79.–

**Liebeshoroskop für die
12 Sternzeichen**
Glück und Harmonie mit Ihrem Traum-
partner. Alles über Chancen,
Beziehungen, Erotik, Zärtlichkeit, Leidenschaft. (0587) Von Georg Haddenbach,
144 S., 12 Zeichnungen, geb.
**DM 6,80** /S 59.–

**Die 12 Sternzeichen**
Charakter, Liebe und Schicksal. (0385)
Von Georg Haddenbach, 160 S.,
Pappband. **DM 9,80** /S 79.–

**Die 12 Sternzeichen im chinesischen
Horoskop**
(0423) Von Georg Haddenbach, 128 S.,
Pappband. **DM 9,80** /S 79.–

**Sternstunden**
für Liebe, Glück und Geld, Berufserfolg
und Gesundheit. Das ganz persönliche
Mitbringsel für Widder (0621), Stier
(0622), Zwillingen (0623), Krebs (0624),
Löwe (0625), Jungfrau (0626), Waage
(0627), Skorpion (0628), Schütze
(0629), Steinbock (0630), Wassermann
(0631), Fische (0632) Von Leo Cancer,
62 S., durchgehend farbig, Zeichnungen,
Pappband. **DM 5,–** /S 39.–

**So deutet man Träume**
Die Bildersprache des Unbewußten.
(0444) Von Georg Haddenbach, 160 S.,
Pappband. **DM 9,80** /S 79.–

**Die Familie im Horoskop**
(4161) Von B. A. Mertz, 296 S.,
29 Zeichnungen, kart.
**DM 16,80** /S 139.–

ZDF · ORF · DRS
**Kompaß Jugend-Lexikon**
(4096) Von Richard Kerler, Jochen Blum,
unter Mitarbeit von Ursula Kopp, 336 S.,
766 Farbfotos, 39 s/w-Fotos und
Zeichnungen, Pappband.
**DM 29,80** /S 239.–

Die Preise entsprechen dem Status beim Druck diese

## Der Weg zum richtigen Computer
Checklisten und Entscheidungshilfen für Auswahl und Einsatz im Betrieb.
(4801) Von W. Bauer, 558 S., Mappe mit Ringmechanik **DM 298,–**/S 2.398,–

## Computer Grundwissen
Eine Einführung in Funktion und Einsatzmöglichkeiten. (4302) Von Wolfgang Bauer, 176 Seiten, 193 Farb- und 12 s/w-Fotos, 37 Computergrafiken, kart.,
**DM 29,80**/S 239,–
(4301) Pappband, **DM 36,–**/S 298,–

## Einführung in die Programmiersprache BASIC.
(4303) Von Susan Curran und Ray Curnow, 192 S., 92 Zeichnungen, Spiralbindung.
**DM 19,80**/S 159,–

## Lernen mit dem Computer.
(4304) Von Susan Curran und Ray Curnow, 144 S., 34 Zeichnungen, Spiralbindung.
**DM 19,80**/S 159,–

## Computerspiele, Grafik und Musik
(4305) Von Susan Curran und Ray Curnow, 148 S., 46 Zeichnungen, Spiralbindung. **DM 19,80**/S 159,–

## Menschen, Computer und Roboter
(4502) Von Wolfgang Rudolph und Hedda Schatz, 144 Seiten und 8 Farbtafeln, kart. **DM 24,80**/S 198,–

## Computer sind überall.
(4501) Von Wolfgang Rudolph und Hedda Schatz, 144 S., 120 Abb., kart.
**DM 24,80**/S 198,–

## Das neue Wörterbuch der deutschen Gegenwartssprache
(4163) Von F. Hübner, 480 S., Pappband, **DM 19,80**/S 159,–

## Endlich 18 und nun?
Rechte und Pflichten mit der Volljährigkeit. (0646) Von Richard Rathgeber, 224 S., 27 Zeichnungen, kart.
**DM 14,80**/S 119,–

## Psycho Tests
– Erkennen Sie sich selbst.
(0710) Von Bruce M. Nash, Randolph B. Monchick, 304 S., 81 Zeichnungen, kart., **DM 16,80**/S 139,–

## Keine Angst vorm Fliegen
(0463) Von Rudolf Braunburg und Rainer-Joachim Pieritz, 159 S., 15 Farbtafeln, 68 s/w-Fotos, kart.
**DM 12,80**/S 99,–

## Dinosaurier
und andere Tiere der Urzeit. (4219) Von Gerolf Alschner, 96 S., 81 großformatige Farbzeichnungen, 4 s/w-Fotos, Pappband. **DM 24,80**/S 198,–

# Lernhilfen

## Deutsch für Ausländer im Selbstunterricht
### Ausgabe für Italiener
(0254) Von Italo Nadalin und Ernst Richter, 156 S., 62 Zeichnungen, kart.
**DM 9,80**/S 79,–

### Ausgabe für Jugoslawen
(0261) Von I. Hladek und Ernst Richter, 132 S., 62 Zeichnungen, kart.
**DM 9,80**/S 79,–

### Ausgabe für Türken
(0262) Von B. I. Rasch und Ernst Richter, 136 S., 62 Zeichnungen, kart.
**DM 9,80**/S 79,–

### Deutsch – Ihre neue Sprache.
Grundbuch (0327) Von Hans-Jürgen Demetz und Juan Manuel Puente, 204 S., mit über 200 Abb., kart.
**DM 14,80**/S 119,–

### Glossar Italienisch
(0329) Von Hans-Jürgen Demetz und Juan Manuel Puente, 74 S., kart.
**DM 9,80**/S 79,–

### In gleicher Ausstattung:
**Glossar Spanisch** (0330)
**DM 9,80**/S 79,–

**Glossar Serbokroatisch** (0331)
**DM 9,80**/S 79,–

**Glossar Türkisch** (0332)
**DM 9,80**/S 79,–

**Glossar Arabisch** (0335)
**DM 9,80**/S 79,–

**Glossar Englisch** (0336)
**DM 9,80**/S 79,–

**Glossar Französisch** (0337)
**DM 9,80**/S 79,–

### Das Deutschbuch
Ein Sprachprogramm für Ausländer, Erwachsene und Jugendliche.
Autorenteam: Juan Manuel Puente, Hans-Jürgen Demetz, Sener Sargut, Marianne Spohner.

### Grundbuch Jugendliche
(4915) Von Puente, Demetz, Sargut, Spohner, Hirschberger, Kersten, von Stolzenwaldt, 256 S., durchgehend zweifarbig, kart. **DM 19,80**/S 159,–

### Grundbuch Erwachsene
(4901) Von Puente, Demetz, Sargut, Spohner, 292 S., durchgehend zweifarbig, kart. **DM 24,80**/S 198,–

### Arbeitsheft
zu Grundbuch Erwachsene und Jugendliche. (4903) Von Puente, Demetz, Sargut, Spohner, 160 S., durchgehend zweifarbig, kart.
**DM 16,80**/S 139,–

### Aufbaukurs
(4902) Von Puente, Sargut, Spohner, 239 S., durchgehend zweifarbig, kart.
**DM 22,80**/S 182,–

### Lehrerhandbuch Grundbuch Erwachsene
(4904) 144 S., kart. **DM 14,80**/S 119,–

### Lehrerhandbuch Grundbuch Jugendliche
(4929) 120 S., kart. **DM 14,80**/S 119,–

### Lehrerhandbuch Aufbaukurs
(4930) 64 S., kart. **DM 9,80**/S 79,–

### Glossare Erwachsene:
**Türkisch**
(4906) 100 S., kart. **DM 9,80**/S 79,–

**Englisch**
(4912) 100 S., kart. **DM 9,80**/S 79,–

**Französisch**
(4911) 104 S., kart. **DM 9,80**/S 79,–

**Spanisch**
(4909) 98 S., kart. **DM 9,80**/S 79,–

**Italienisch**
(4908) 100 S., kart. **DM 9,80**/S 79,–

**Serbokroatisch**
(4914) 100 S., kart. **DM 9,80**/S 79,–

**Griechisch**
(4907) 102 S., kart. **DM 9,80**/S 79,–

**Portugiesisch**
(4910) 100 S., kart. **DM 9,80**/S 79,–

**Polnisch**
(4913) 102 S., kart. **DM 9,80**/S 79,–

**Arabisch**
(4905) 100 S., kart. **DM 9,80**/S 79,–

### Glossare Jugendliche:
**Türkisch**
(4927) 105 S., kart. **DM 9,80**/S 79,–

**Italienisch**
(4932) Von Alexandra Baumgartner, 100 S., kart. **DM 9,80**/S 79,–

**Spanisch**
(4933) Von Margerita Weidemann, 100 S., kart. **DM 9,80**/S 79,–

**Serbokroatisch**
(4934) Von Milan Vuckovic, 100 S., kart. **DM 9,80**/S 79,–

**Griechisch**
(4936) Von Dr. Georg Tzounakis, 112 S., kart. **DM 9,80**/S 79,–

**Tonband Grundbuch Erwachsene**
(4916) Ø 18 cm. **DM 125,–**/S 1.000,–

**Tonband Grundbuch Jugendliche**
(4917) Ø 18 cm. **DM 125,–**/S 1.000,–

**Tonband Aufbaukurs**
(4918) Ø 18 cm. **DM 125,–**/S 1.000,–

**Tonband Arbeitsheft**
(4919) Ø 18 cm. **DM 89,–**/S 712,–

**Kassetten Grundbuch Erwachsene**
(4920) 2 Stück à 90 Min. Laufzeit.
**DM 39,–**/S 319,–

**Kassetten Grundbuch Jugendliche**
(4921) 2 Stück à 90 Min. Laufzeit.
**DM 39,–**/S 319,–

**Kassetten Aufbaukurs**
(4922) 2 Stück à 90 Min. Laufzeit.
**DM 39,–**/S 319,–

**Kassette Arbeitsheft**
(4923) 60 Min. Laufzeit.
**DM 19,80**/S 159,–

**Overheadfolie Grundbuch Erwachsene**
(4924) 60 Stück. **DM 159,–**/S 1.270,–

**Overheadfolien Grundbuch Jugendliche**
(4925) 59 Stück. **DM 159,–**/S 1.270,–

**Overheadfolien Aufbaukurs**
(4931) 54 Stück **DM 159,–**/S 1.270,–